서울대 한국어+ Workbook

서울대학교 언어교육원 지음
장소원 | 이현의 | 김미숙 | 이혜지

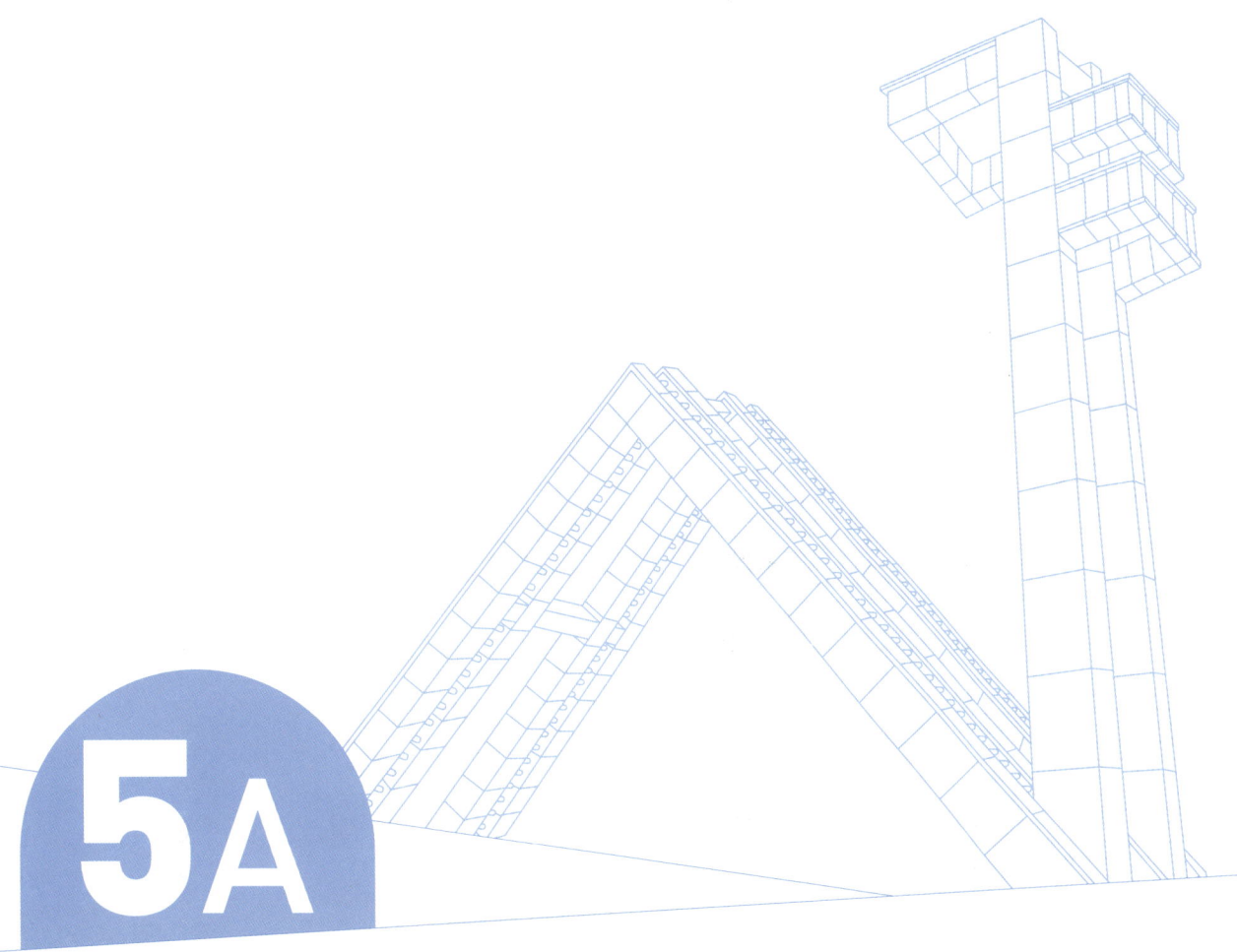

5A

서울대학교출판문화원

머리말

《서울대 한국어+ Workbook 5A》는 《서울대 한국어+ Student's Book 5A》의 부교재로, 주교재로 이루어지는 학습을 보완하기 위해 개발되었습니다. 어휘, 문법과 표현을 다양한 상황 속에서 연습해 보고 복습 단원을 통해 배운 내용을 종합적으로 정리해 볼 수 있도록 하였습니다.

어휘는 실생활에서 활용할 수 있도록 담화 상황을 고려해 문제를 구성하였고, 문법과 표현 연습 문제는 정확성과 유창성 향상에 초점을 맞췄습니다. 다양한 맥락에서 어휘, 문법과 표현의 정확한 의미를 익히고 학습자 스스로 유의미한 담화를 구성할 수 있도록 집필하였습니다.

또한 두 단원마다 복습 단원을 배치함으로써 학습 내용을 점검하고 정리할 수 있도록 하였습니다. 복습 단원은 어휘, 문법과 표현, 듣기, 읽기, 쓰기, 말하기 과제로 이루어져 있습니다. 어휘, 문법과 표현은 이미 학습한 어휘, 문법과 표현을 잘 익혔는지 확인할 수 있는 다양한 문제로 구성하였습니다. 듣기와 읽기는 주교재의 주제와 기능을 확장한 문제를 통해 학습자 스스로 이해 능력을 점검할 수 있도록 하였습니다. 쓰기는 담화 완성 활동과 주어진 주제로 완성된 글을 쓰는 활동으로 구성하였습니다. 마지막으로 말하기 과제를 통해 두 단원에서 학습한 주제, 언어, 기능 등을 바탕으로 학생들이 자유롭게 의사소통하면서 하나의 목표를 이루어 갈 수 있도록 하였습니다.

이 책이 나오기까지 정말 많은 분들의 수고가 있었습니다. 서울대학교 국어국문학과 장소원 교수님은 《서울대 한국어+》 1~6급 교재의 기획, 교재 개발을 위한 사전 연구와 집필, 출판에 이르는 전체적인 과정을 총괄해 주셨고, 5급 교재의 집필을 총괄한 이현의 선생님을 비롯해서 김미숙, 이혜지 선생님은 오랜 기간 원고 집필뿐 아니라 편집, 출판 작업을 꼼꼼하게 진행해 주셨습니다. 또한 5급 워크북의 감수를 맡아 주신 김은애 교수님, 워크북 내용을 검토해 주신 민유미, 신범숙 선생님의 도움이 없었다면 지금과 같은 책의 완성도를 기대하기 어려웠음을 잘 알고 있습니다. 깊이 감사드립니다. 그리고 영어 번역을 맡아 주신 이소명 번역가님, 멋진 삽화 작업으로 빛나는 책을 만들어 주신 ㈜예성크리에이티브 분들께도 감사드립니다. 또 녹음을 담당해 주신 성우 이상운, 조경아 선생님과 2022년 가을 학기에 새 교재의 시범 단원으로 수업을 하신 후 소중한 의견을 주신 5급 정규반의 김민애, 선우용, 송계령, 유재선, 유재준, 윤소휘, 함창덕 선생님께도 진심으로 감사의 말씀을 드립니다. 마지막으로 학술 도서와 전혀 성격이 다른 한국어 교재의 출판을 결정하고 물심양면으로 지원해 주신 서울대학교출판문화원 이경묵 원장님과, 밤낮을 가리지 않고 고생을 감수하신 편집진분들께 깊이 감사드립니다.

2023년 10월
서울대학교 언어교육원 원장
장윤희

일러두기

《서울대 한국어+ Workbook 5A》는 《서울대 한국어+ Student's Book 5A》의 부교재로 1~8단원과 복습 1~4로 구성되었다. 각 단원은 두 개의 과로 구성되며 각 과는 '어휘' 연습, '문법과 표현' 연습으로 이루어져 있다. 복습은 '어휘, 문법과 표현, 듣기, 읽기, 쓰기, 말하기 과제'로 구성되어 있다.

각 단원에서 학습 목표로 삼는 '어휘'와 '문법과 표현'을 제시하여 학습할 내용을 파악할 수 있도록 하였다.

어휘

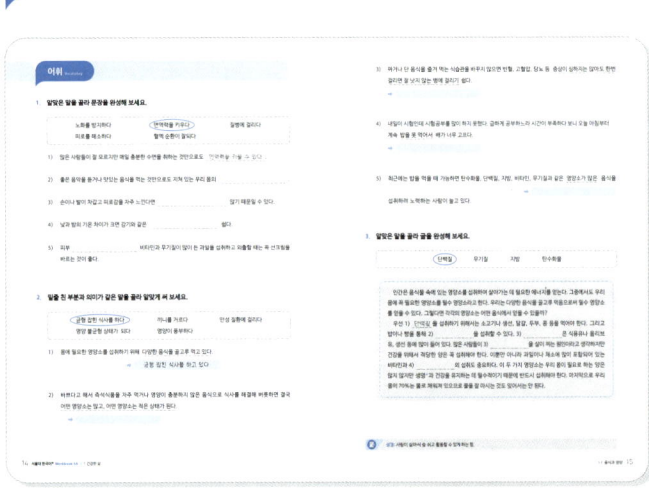

주제별로 선정된 목표 어휘를 사용할 수 있는 상황을 확인하고, 대화나 문장, 담화 안에서 어휘의 의미를 이해하고 연습할 수 있도록 하였다.

문법과 표현

문법과 표현의 의미와 사용 상황을 익힐 수 있도록 문장, 대화, 텍스트 단위에서 내용을 파악하고 완성하는 연습으로 구성하였다. 마지막 문제에서는 문법과 표현을 활용하여 학습자들이 스스로 짧은 담화를 생성할 수 있도록 하였다.

문장·대화 연습
제시어나 그림을 활용하여 문장이나 대화를 완성한다.

유의미한 연습
제시된 상황 또는 질문에 맞게 학습자 자신의 생각과 경험에 대해 이야기해 본다.

복습

두 단원마다 제시되는 복습에서는 각 단원에서 학습한 내용과 연계하여 어휘, 문법과 표현, 듣기, 읽기, 쓰기를 영역별로 복습하고 말하기 과제를 통해 학습자들이 배운 내용을 모두 활용하여 활발하게 의미 협상을 할 수 있도록 구성하였다.

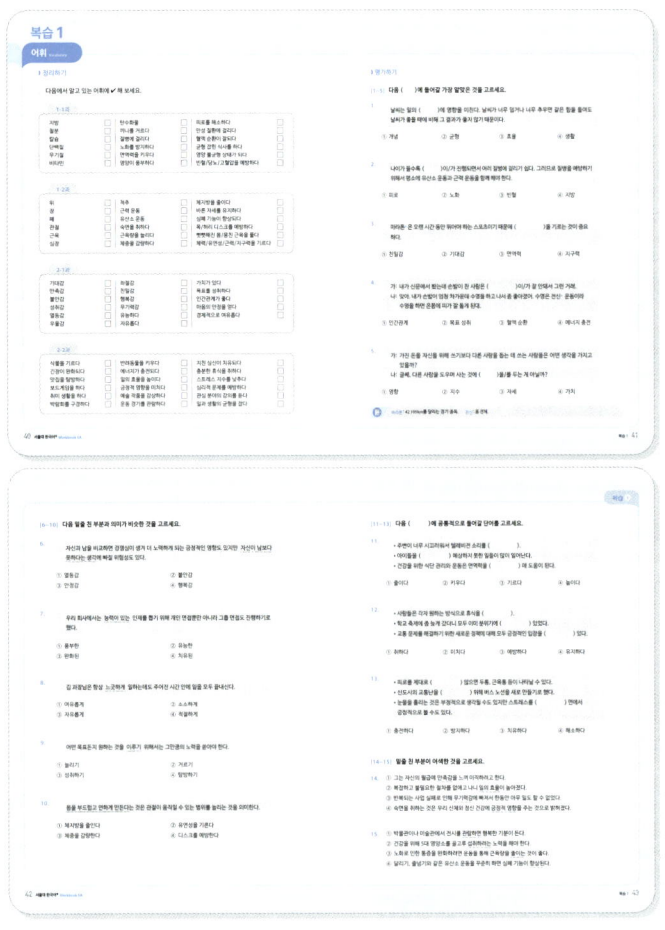

어휘
목표 어휘 목록과 함께 문제를 제공하여 학습한 어휘를 재확인하고 연습할 수 있도록 하였다.

문법과 표현
문법과 표현의 각 항목을 예문과 함께 제시하여 학습 내용을 확인할 수 있도록 하였다. 또한 다양한 형태의 문제를 제공하여 각 항목의 의미와 용법을 재확인하고 연습할 수 있도록 하였다.

듣기

학습한 주제, 어휘, 문법과 표현과 관련된 다양한 내용의 듣기 자료를 문제와 함께 제공하여 학습자의 이해 능력과 듣기 유창성을 향상시키고자 하였다.

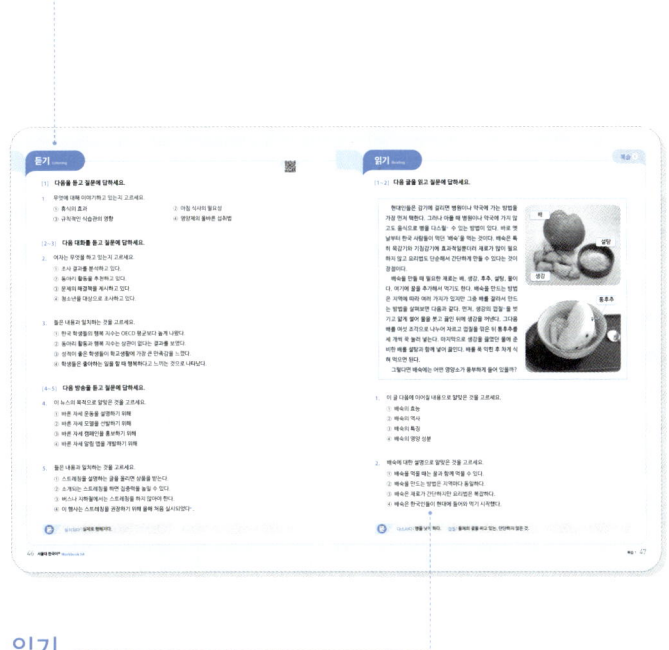

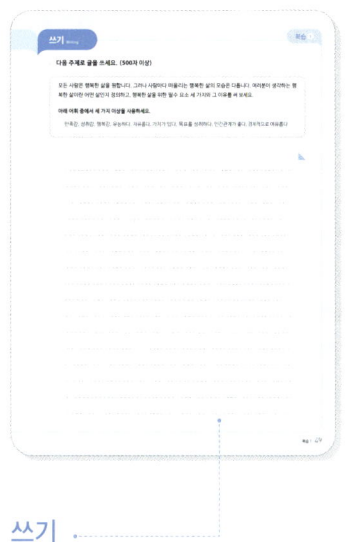

읽기

학습한 주제, 어휘, 문법과 표현과 관련된 다양한 내용의 읽기 자료를 문제와 함께 제공하여 학습자의 이해 능력과 읽기 유창성을 향상시키고자 하였다.

쓰기

정확성과 유창성을 기를 수 있도록 담화 완성형 쓰기와 500자 이상 글쓰기 연습으로 구성하였다.

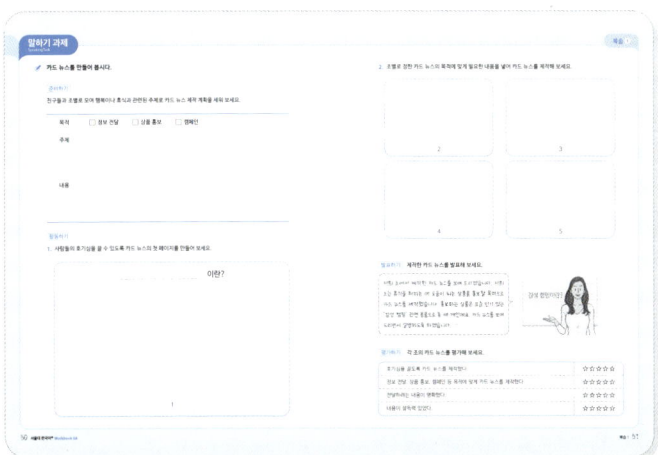

말하기 과제

학습한 주제, 언어, 기능 등을 바탕으로 학습자들이 자유롭게 의사소통하면서 하나의 목표를 이루어 가는 활동으로 구성하였다.

부록

'듣기 지문'과 '모범 답안'으로 구성된다.

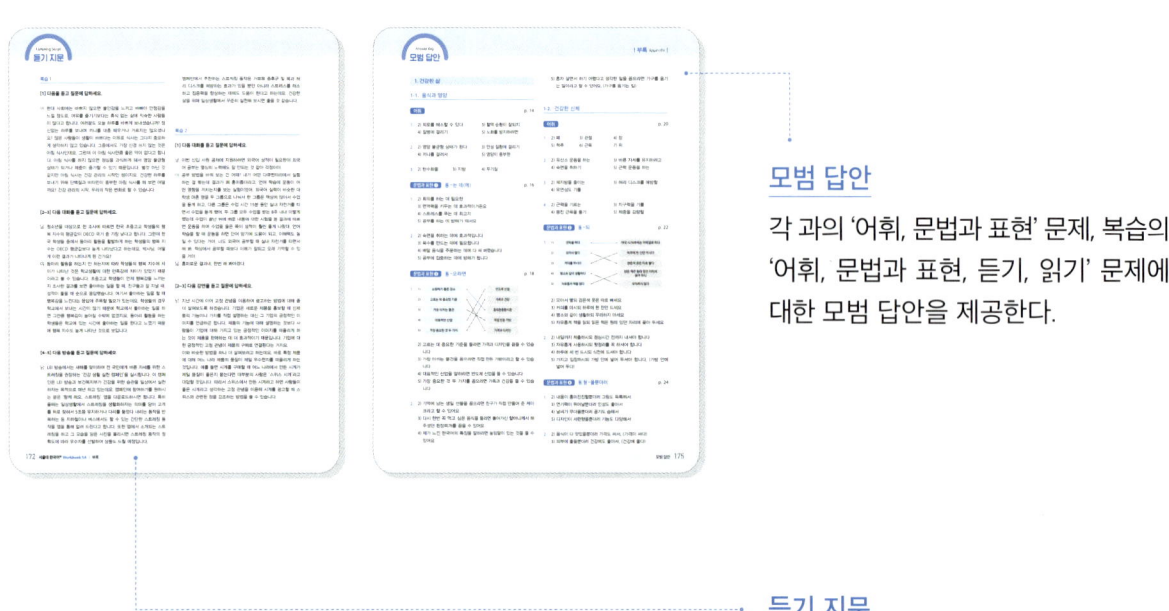

모범 답안
각 과의 '어휘, 문법과 표현' 문제, 복습의 '어휘, 문법과 표현, 듣기, 읽기' 문제에 대한 모범 답안을 제공한다.

듣기 지문
복습 듣기의 지문을 제공한다.

차례

	머리말	• 3
	일러두기	• 4
	교재 구성표	• 10

5A

| 1단원 | 건강한 삶 | 1-1. 음식과 영양 | • 14 |
| | | 1-2. 건강한 신체 | • 20 |

| 2단원 | 행복과 휴식 | 2-1. 행복의 비결 | • 28 |
| | | 2-2. 휴식이 있는 삶 | • 34 |

| 복습 1 | | | • 40 |

| 3단원 | 언어와 학습 | 3-1. 언어와 문화 | • 54 |
| | | 3-2. 언어 학습 | • 60 |

| 4단원 | 사고와 고정 관념 | 4-1. 문화와 사고방식 | • 68 |
| | | 4-2. 고정 관념과 가치관 | • 74 |

| 복습 2 | | | • 80 |

| 5단원 | 기후와 지형 | 5-1. 기후 변화 | • 94 |
| | | 5-2. 독특한 지형의 여행지 | • 100 |

| 6단원 | 환경과 주거 공간 | 6-1. 도시와 환경 | • 108 |
| | | 6-2. 주거 공간 | • 114 |

| 복습 3 | | | • 120 |

| 7단원 | 인간과 심리 | 7-1. 인간관계와 심리 | • 134 |
| | | 7-2. 심리와 성격 | • 140 |

| 8단원 | 직업의 미래 | 8-1. 평생 직업 | • 148 |
| | | 8-2. 변화하는 직업 | • 154 |

| 복습 4 | | | • 160 |

| 부록 |

| 듣기 지문 | • 172 |
| 모범 답안 | • 175 |

교재 구성표

단원 제목		어휘	문법과 표현
1. 건강한 삶	1-1. 음식과 영양	• 영양소 • 영양 섭취	• 동-는 데(에) • 동-으라면
	1-2. 건강한 신체	• 신체 부위 • 운동의 효과	• 동-되 • 동형-을뿐더러
2. 행복과 휴식	2-1. 행복의 비결	• 행복 • 감정	• 명이란 • 동-음에 따라
	2-2. 휴식이 있는 삶	• 여가 활동 • 휴식의 효과	• 동-음으로써 • 명에 따르면
복습 1			
3. 언어와 학습	3-1. 언어와 문화	• 속담과 관용어 • 의성어와 의태어	• 동-는 데(에) 반해(서), 형-은 데(에) 반해(서), 명인 데(에) 반해(서) • 동-는 데(에) 비해(서), 형-은 데(에) 비해(서), 명인 데(에) 비해(서)
	3-2. 언어 학습	• 외국어 학습 • 학습 방법	• 명(에) 못지않게 • 동-고서
4. 사고와 고정 관념	4-1. 문화와 사고방식	• 사고방식 • 인상	• 명을 막론하고 • 동형-으면 몰라도, 명이면 몰라도
	4-2. 고정 관념과 가치관	• 고정 관념 • 가치관	• 동-기 십상이다 • 동-을 겸
복습 2			

단원 제목		어휘	문법과 표현
5. 기후와 지형	5-1. 기후 변화	• 기상과 기후 • 기후 변화와 그 영향	• 동-다시피 • 동-는 한, 형-은 한
	5-2. 독특한 지형의 여행지	• 지형 및 풍경 • 인상 및 느낌	• 동-는가 하면, 형-은가 하면 • 동형-을 따름이다, 명일 따름이다
6. 환경과 주거 공간	6-1. 도시와 환경	• 살기 좋은 도시 • 대도시의 문제점	• 동형-지 않을까 하다, 명이 아닐까 하다 • 동-고자 하다
	6-2. 주거 공간	• 주거 공간 • 공간의 특징	• 명 같아서는 • 동형-고 해서, 명이고 해서
		복습 3	
7. 인간과 심리	7-1. 인간관계와 심리	• 좋은 인간관계 • 인간관계와 갈등	• 동-고 보다 • 동형-은 나머지
	7-2. 심리와 성격	• 성격 • 능력	• 동-어 내다 • 동-는다면, 형-다면, 명이라면
8. 직업의 미래	8-1. 평생 직업	• 직업 선택의 조건 • 취업 준비	• 명이자 명 • 동-는 것을 계기로, 명을 계기로
	8-2. 변화하는 직업	• 능력이나 성질 • 미래 사회와 유망 직업	• 동형-기도 하고 동형-기도 하다 • 동-는 바 있다/없다
		복습 4	

1

건강한 삶

- **1-1** 음식과 영양
- **1-2** 건강한 신체

1-1	어휘	영양소, 영양 섭취
	문법과 표현	동-는 데(에)
		동-으라면
1-2	어휘	신체 부위, 운동의 효과
	문법과 표현	동-되
		동형-을뿐더러

어휘 Vocabulary

1. 알맞은 말을 골라 문장을 완성해 보세요.

┌───┐
노화를 방지하다   (면역력을 키우다)   질병에 걸리다
피로를 해소하다   혈액 순환이 잘되다
└───┘

1) 많은 사람들이 잘 모르지만 매일 충분한 수면을 취하는 것만으로도 면역력을 키울 수 있다 .

2) 좋은 음악을 듣거나 맛있는 음식을 먹는 것만으로도 지쳐 있는 우리 몸의 _____.

3) 손이나 발이 차갑고 피로감을 자주 느낀다면 _____ 않기 때문일 수 있다.

4) 낮과 밤의 기온 차이가 크면 감기와 같은 _____ 쉽다.

5) 피부 _____ 비타민과 무기질이 많이 든 과일을 섭취하고 외출할 때는 꼭 선크림을 바르는 것이 좋다.

2. 밑줄 친 부분과 의미가 같은 말을 골라 알맞게 써 보세요.

┌───┐
(균형 잡힌 식사를 하다)   끼니를 거르다   만성 질환에 걸리다
영양 불균형 상태가 되다   영양이 풍부하다
└───┘

1) 몸에 필요한 영양소를 섭취하기 위해 <u>다양한 음식을 골고루 먹고 있다</u>.

   ➡ 균형 잡힌 식사를 하고 있다

2) 바쁘다고 해서 즉석식품을 자주 먹거나 영양이 충분하지 않은 음식으로 식사를 해결해 버릇하면 결국 <u>어떤 영양소는 많고, 어떤 영양소는 적은 상태가 된다</u>.

   ➡ _____

3) 짜거나 단 음식을 즐겨 먹는 식습관을 바꾸지 않으면 빈혈, 고혈압, 당뇨 등 증상이 심하지는 않아도 한번 걸리면 잘 낫지 않는 병에 걸리기 쉽다.

   ➡

4) 내일이 시험인데 시험공부를 많이 하지 못했다. 급하게 공부하느라 시간이 부족하다 보니 오늘 아침부터 계속 밥을 못 먹어서 배가 너무 고프다.

   ➡

5) 최근에는 밥을 먹을 때 가능하면 탄수화물, 단백질, 지방, 비타민, 무기질과 같은 영양소가 많은 음식을 ➡ 섭취하려 노력하는 사람이 늘고 있다.

3. **알맞은 말을 골라 글을 완성해 보세요.**

   | 단백질 | 무기질 | 지방 | 탄수화물 |

   인간은 음식물 속에 있는 영양소를 섭취하여 살아가는 데 필요한 에너지를 얻는다. 그중에서도 우리 몸에 꼭 필요한 영양소를 필수 영양소라고 한다. 우리는 다양한 음식을 골고루 먹음으로써 필수 영양소를 얻을 수 있다. 그렇다면 각각의 영양소는 어떤 음식에서 얻을 수 있을까?
   우선 1) 단백질 을 섭취하기 위해서는 소고기나 생선, 달걀, 두부, 콩 등을 먹어야 한다. 그리고 밥이나 빵을 통해 2) _____ 을 섭취할 수 있다. 3) _____ 은 식용유나 올리브유, 생선 등에 많이 들어 있다. 많은 사람들이 3) _____ 을 살이 찌는 원인이라고 생각하지만 건강을 위해서 적당한 양은 꼭 섭취해야 한다. 이뿐만 아니라 과일이나 채소에 많이 포함되어 있는 비타민과 4) _____ 의 섭취도 중요하다. 이 두 가지 영양소는 우리 몸이 필요로 하는 양은 많지 않지만 생명*과 건강을 유지하는 데 필수적이기 때문에 반드시 섭취해야 한다. 마지막으로 우리 몸의 70%는 물로 채워져 있으므로 물을 잘 마시는 것도 잊어서는 안 된다.

*생명: 사람이 살아서 숨 쉬고 활동할 수 있게 하는 힘.

문법과 표현 1 동-는 데(에)

1. 다음과 같이 대화를 완성해 보세요.

   1) 가: 요즘 이 드라마가 학생들에게 인기가 많지요?
      나: 네. 저도 봤는데 재미도 있고 <u>한국 문화를 이해하는 데 도움이 돼요</u>.
      (한국 문화를 이해하다, 도움이 되다)

   2) 가: 앞으로 _____ 물품*은 미리 준비해 주세요.
      (회의를 하다, 필요하다)
      나: 네. 알겠습니다.

   3) 가: 요즘 제품에 쓰여 있는 영양 정보를 꼭 확인하네요.
      나: 몸에 필요한 영양소를 골고루 섭취하는 게 _____.
      (면역력을 키우다, 효과적이다)

   4) 가: 스트레스 받는데 맛있는 거 먹으러 가자.
      나: 좋아. 단 음식이 _____. 케이크 먹으러 가자.
      (스트레스를 풀다, 최고다)

   5) 가: 왜 책상 위에 있는 물건을 다 치우고 있어요?
      나: 책상 위에 물건이 많으면 _____.
      (공부를 하다, 방해가 되다)

2. 다음과 같이 밑줄 친 부분을 바꿔 보세요.

   1) 한국에 온 지도 1년이 되었습니다. 이번 학기가 마지막이라서 <u>최선을 다해 수업을 들으려고 합니다</u>.
      ➡ 수업을 <u>듣는 데에 최선을 다하려고 합니다</u>.

   2) 다음은 숙면*을 위한 동작입니다. 무릎을 꿇고 양팔을 앞으로 쭉 뻗으면서 몸을 최대한 낮춰 보세요. <u>이 동작을 하면 효과적으로 숙면을 취할 수 있습니다</u>.
      ➡ 이 동작은 _____.

물품: 쓸모 있게 만들어진 가치 있는 물건.   숙면: 잠이 깊이 듦. 또는 그 잠.

3) 국 요리를 할 때 깊은 맛을 내려면 먼저 육수*를 끓여야 합니다. 육수를 만들 때 멸치와 다시마가 필요합니다.

➡ 멸치와 다시마가 _____.

4) 요즘 집에서 요리하는 것이 귀찮아서 배달 음식을 자주 시켜 먹었습니다. 그래서 한 달 생활비를 배달 음식을 주문하느라 다 써 버렸습니다.

➡ 한 달 생활비를 _____.

5) 요즘 카페에서 공부하는 사람들이 많은데 그 사람들에게는 음악 소리가 방해되지 않나 봐요. 저는 음악을 들으면 방해가 돼서 공부에 집중할 수가 없어요.

➡ 음악을 듣는 것이 _____.

3. 위 문법을 사용하여 아래 음식이 우리 몸에 어떤 영향을 주는지 말해 보고 여러분이 알고 있는 건강에 좋은 음식에 대해서도 이야기해 보세요.

> 우유는 칼슘이 많아서 뼈를 튼튼하게 하는 데에 좋아요.

*육수: 고기를 삶아 낸 물.

문법과 표현 2 동-으라면

1. 관계있는 것끼리 연결하고 문장을 완성해 보세요.

   1) 쇼핑하기 좋은 장소 • — • 반도체 산업
   2) 고르는 데 중요한 기준 • • 가족과 건강
   3) 가장 아끼는 물건 • • 동대문종합시장
   4) 대표적인 산업 • • 직접 만든 가방
   5) 가장 중요한 것 두 가지 • • 가격과 디자인

   1) 서울에서 <u>쇼핑하기 좋은 장소를 꼽으라면 동대문종합시장을 들 수 있습니다</u>.

   2) 옷을 _____.

   3) 제가 _____.

   4) 한국의 _____.

   5) 인생에서 _____.

2. 다음과 같이 대화를 완성해 보세요.

   1) 가: 고향 친구가 한국에 온다면 추천해 주고 싶은 여행지가 어디예요?
      나: <u>친구에게 추천해 주고 싶은 여행지를 말하라면 제주도와 부산을 꼽을 수 있어요</u>.
      (제주도와 부산)

   2) 가: 생일에 받은 선물 중에 기억에 남는 선물이 있어요?
      나: _____.
      (친구가 직접 만들어 준 케이크)

3) 가: 다시 한번 꼭 먹고 싶은 음식이 있어요?
   나: _____.
   (돌아가신 할머니께서 해 주셨던 된장찌개)

4) 가: 한국어를 배우면서 한국어에 어떤 특징이 있다고 느꼈어요?
   나: _____.
   (높임말이 있는 것)

5) 가: 혼자 살면서 하기 어렵다고 생각한 일이 있어요?
   나: _____.
   (   )

3. 위 문법을 사용하여 다음 주제에 대해 이야기해 보세요.

좋아하는 음식   자주 가는 쇼핑 명소*

한국에서   좋아하는/
가 보고 싶은 여행지   싫어하는 숫자   ?

좋아하는 음식이 뭐예요?

좋아하는 음식을 들라면 떡볶이하고 김밥을 꼽을 수 있어요.

명소: 이름이 널리 알려진 곳.

어휘 Vocabulary

1. 알맞은 말을 골라 써 보세요.

> 관절   근육   (심장)   위   장   척추   폐

1) __심장__ : 혈액을 몸 전체로 보내는 역할을 한다.
2) _____ : 숨을 마시고 뱉는 곳으로 호흡을 담당한다.
3) _____ : 뼈와 뼈가 서로 연결되어 있는 곳을 말한다.
4) _____ : 음식물을 소화시키는 곳 중 마지막 부분에 위치한다.
5) _____ : 우리 몸의 기둥*이라고 할 수 있으며 몸의 뒤쪽에서 몸을 잡아 준다.
6) _____ : 뼈와 함께 신체의 전체적인 형태를 잡아 주며 움직임이 가능하게 한다.
7) _____ : 우리가 음식을 먹으면 배의 왼쪽 윗부분에 위치한 이곳에서 소화를 시킨다.

2. 알맞은 말을 골라 문장을 완성해 보세요.

> 근력 운동을 하다   바른 자세를 유지하다   숙면을 취하다
> (스트레칭을 하다)   유산소 운동을 하다

1) 아무런 준비도 하지 않고 갑자기 몸을 움직이면 다치기 쉽다. 그러므로 운동을 하기 전에 간단한 준비 운동으로 __스트레칭을 해서__ 근육을 풀어 줘야 한다.

2) 하루에 30분 정도는 몸 안에 산소를 최대한 공급하는 _____ 것이 좋다. 일상생활에서 걷기나 계단 오르기를 꾸준히 하는 것도 좋은 방법이다.

3) 목이나 허리에 통증을 느끼는 사람은 자세에 문제가 있는 경우가 많다. 평소에 _____ 노력하면 통증이 줄어들 것이다.

4) 커피, 홍차, 초콜릿 등 카페인이 들어 있는 식품을 많이 섭취하면 _____ 어렵다.

5) 운동을 할 때는 유산소 운동과 함께 몸의 근육을 강화하는* _____ 것이 체력을 기르는 데 효과적이다.

기둥: 무언가가 버틸 수 있도록 중심을 잡아 세로로 세운 것.   강화하다: 수준이나 정도를 높이다.

3. 알맞은 말을 골라 대화를 완성해 보세요.

목 디스크를 예방하다   유연성을 기르다   체지방을 줄이다   허리 디스크를 예방하다

1) 가: 요즘 일이 많아서 컴퓨터를 오래 했더니 목이 너무 아프네요.
   나: 컴퓨터를 오랜 시간 사용할 때는 잠깐씩 쉬면서 스트레칭을 해 주세요. 그래야 목 디스크를 예방할 수 있어요.

2) 가: 밤에 치킨을 자주 먹었더니 배가 자꾸 나와요.
   나: 밤에 먹는 게 문제인 것 같아요. 야식만 안 먹어도 _____ 데 도움이 된대요.

3) 가: 허리가 너무 아파서 병원에 갔더니 더 심해지면 수술을 해야 한대요.
   나: 다리를 꼬고 앉는 습관 때문에 그럴 거예요. 바른 자세로 앉는 습관을 기르면 _____ 수 있을 거예요.

4) 가: 근육 운동만 해서 그런 걸까요? 몸이 뻣뻣하고 부드럽지 않은 느낌이 들어요.
   나: 요가를 해 보는 게 어때요? 요가를 하면 뻣뻣해진 몸도 풀고 _____ 수 있어요.

4. 알맞은 말을 골라 글을 완성해 보세요.

근력을 기르다   뭉친 근육을 풀다   지구력을 기르다   체력을 기르다   체중을 감량하다

스스로 몸이 약하고 조금만 움직여도 금방 지친다고 느끼는가? 이런 생각이 든다면 당신은 1) 체력을 길러야 한다. 일상생활에서 쉽게 할 수 있는 운동만으로도 문제를 해결할 수 있다. 주말이나 쉬는 날에는 자전거를 타 보자. 자전거를 타면 하체*를 많이 사용하기 때문에 하체 2) _____ 데에 좋다. 걷기 운동도 쉽게 할 수 있는 운동이다. 보통 걷기는 운동 효과가 크지 않을 거라 생각하지만 바른 자세와 속도로 걷는다면 운동을 오래 할 수 있는 힘, 즉 3) _____ 수 있다. 자전거 타기나 걷기는 쉬운 운동이기는 하지만 갑자기 하게 되면 몸에 무리가 올 수 있다. 따라서 4) _____ 위해 운동 후에 스트레칭을 하는 것도 잊지 말자. 무리하지 않으면서 일상생활에서 쉽게 할 수 있는 운동을 꾸준히 해 나간다면 체력도 좋아지고, 체지방을 줄여 5) _____ 수도 있을 것이다.

하체: 신체의 아랫부분.

문법과 표현 ③ 동-되

1. 관계있는 것끼리 연결하고 문장을 완성해 보세요.

1) 연락을 하다 ——— 여섯 시 이후에는 이메일로 하다

2) 모아서 빨다 • • 하루에 한 잔만 마시다

3) 커피를 마시다 • • 검은색 옷은 따로 빨다

4) 평소와 같이 생활하다 • • 읽은 책은 원래 있던 자리에 꽂아 두다

5) 자유롭게 책을 읽다 • • 무리하지 말다

1) 모르는 게 있을 때는 <u>연락을 하되 여섯 시 이후에는 이메일로 하세요</u>.

2) 옷을 빨 때는 _____.

3) 건강을 위해서는 _____.

4) 퇴원하면 _____.

5) 도서관에서 _____.

2. 다음과 같이 대화를 완성해 보세요.

1) 가: 식단 관리만 하면 체중 감량을 할 수 있을까요?
   나: <u>식단 관리를 하시되 운동도 꾸준히 하셔야 합니다</u>.
   (식단 관리를 하다, 운동도 꾸준히 하다)

2) 가: 보고서는 내일까지 제출하면 됩니까?
   나: _____.
   (내일까지 제출하다, 점심시간 전까지 내다)

3) 가: 요리할 때 여기 있는 재료들을 모두 사용해도 됩니까?

   나: _____.

   (자유롭게 사용하다, 뒷정리를 꼭 하다)

4) 가: 이 약은 하루에 세 번 먹으면 됩니까?

   나: _____.

   (하루에 세 번 먹다, 식전에 먹다)

5) 가: 공연장에 카메라를 가지고 들어갈 수 있습니까?

   나: _____.

   (가지고 입장하다,   )

3. 위 문법을 사용하여 다음 장소에서 주의할 사항을 이야기해 보세요.

바다   미술관

기숙사   회사   ?

바다에서는 수영을 하되 안전선* 밖으로 나가면 안 돼요.

미술관에서는 사진을 찍되 촬영 금지 표시가 되어 있는 그림은 찍으면 안 돼요.

안전선: 안전을 위해 그어 놓은 선.

문법과 표현 4 동형-을뿐더러

1. 그림을 보고 문장을 완성해 보세요.

1)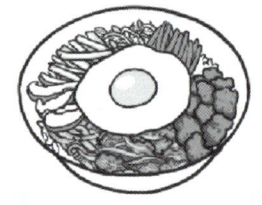
➡ 비빔밥은 요리법이 간단할뿐더러 영양도 풍부해서 많은 사람들이 즐겨 먹는다.

간단한 요리법 / 풍부한 영양

2)
➡ 이 책은 _____
_____ 베스트셀러가 됐다.

흥미진진한 내용 / 독특한 그림

3)
➡ 그 배우는 _____
_____ 국민 배우로 꼽힌다.

뛰어난 연기력 / 좋은 인성

4)
➡ 한국의 여름은 _____
_____ 생활하기 힘들다.

무더운 날씨 / 습한 공기

5)
➡ 새로 나온 휴대폰은 _____
_____ 사람들에게 반응이 좋다.

세련된* 디자인 / 다양한 기능

 세련되다: 깔끔하고 품위가 있다.

2. **다음과 같이 문장을 완성해 보세요.**

   1) 이번에 이사한 집은 <u>학교에서 가까울뿐더러 근처에 편의 시설도 많아서</u> 마음에 듭니다.
      (학교에서 가깝다, 근처에 편의 시설이 많다)

   2) 동네 맛집으로 유명한 그 식당은 _____
      항상 사람들로 붐빕니다.   (음식이 다 맛있다,   )

   3) 아침에 먹는 사과는 _____
      아침마다 사과를 먹고 있습니다.   (피부에 좋다,   )

   4) 걷기 운동을 통해 _____
      매일 조금씩이라도 걸으려 노력합니다.   (지구력을 기르다,   )

   5) 그 노래는 _____
      큰 인기를 끌고 있습니다.   (유명한 가수가 불렀다,   )

3. **위 문법을 사용하여 여러분이 좋아하는 것과 그 이유를 이야기해 보세요.**

   물건   장소

   드라마   영화   ?

   _____씨가 좋아하는 물건은 무엇입니까?
   그 물건의 좋은 점은 무엇입니까?

   제가 좋아하는 물건은 최근에 산 가방입니다. 크기가 커서 책을 많이 넣을 수 있을뿐더러 무게도 가볍기 때문입니다.

2 행복과 휴식

2-1 행복의 비결

2-2 휴식이 있는 삶

	어휘	행복, 감정
2-1	문법과 표현	명이란 동-음에 따라
2-2	어휘	여가 활동, 휴식의 효과
	문법과 표현	동-음으로써 명에 따르면

어휘 Vocabulary

1. 알맞은 말을 골라 문장을 완성해 보세요.

> 유능하다   자유롭다   가치가 있다   경제적으로 여유롭다
> 목표를 성취하다   안정을 얻다   인간관계가 좋다

1) 예전에 중고등학생은 머리를 짧게 잘라야 했지만 요즘은 __자유롭게__ 머리를 기를 수 있을뿐더러 염색도 할 수 있다.

2) 행복한 사람들은 _____ 공통점이 있다. 그런 사람들은 가족, 친구, 연인 등 주변 사람을 잘 돌보고 배려할 줄 안다.

3) 내가 만약 _____ 돈에 대한 걱정을 하지 않고 무엇이든지 하고 싶은 일을 할 수 있어서 좋을 것 같다.

4) 그 사람은 _____ 연주가로 인정받아 세계적인 음악가들과 함께 일을 하면서 전 세계에 그 실력과 이름을 널리 알리고 있다.

5) 성공하기 위해서는 목표를 세우고 꾸준히 노력해야 한다. 아무리 어려운 일이 있더라도 포기하지 않고 노력하다 보면 _____ 수 있을 것이다.

6) 살다 보니 돈을 많이 벌거나 성공하는 것보다 마음의 _____ 것이 더 중요하게 느껴진다. 다른 조건이 좋아도 마음이 불편하면 행복하게 살기 힘들기 때문이다.

7) 자기 자신을 위해 사는 것도 좋지만 다른 사람을 도우며 사는 것도 _____ 일이다.

2. 알맞은 말을 골라 대화를 완성해 보세요.

> 기대감   만족감   무기력감   성취감   우울감   행복감

1) 가: 요즘 맛있는 음식을 먹어도 기분이 좋아지지 않아요. 혼자 있을 때 마음이 쓸쓸하고 자주 울고 싶어져요.
   나: 학업* 스트레스 때문에 __우울감__ 을 느끼나 봐요. 취미 활동을 좀 해 보는 게 어때요?

학업: 학교에서 공부하는 일.

2) 가: 평소에 자주 _____ 을 느끼시나요?
    나: 네. 저는 작은 일에도 쉽게 행복을 느끼는 편이에요. 어릴 때부터 온 가족의 사랑을 듬뿍* 받고 자라서 그런가 봐요.

3) 가: 인생에 대해 불만이나 부족함을 느껴 본 적이 있어요?
    나: 아니요. 저는 언제나 저에게 주어진 상황에 감사하고 그것으로 충분하다고 생각하는 편이기 때문에 _____ 을 느끼며 살고 있어요.

4) 가: 민영 씨가 이번 시험에서 또 떨어졌대요. 힘도 없어 보이고 의욕*을 좀 잃은 것 같아요.
    나: 이번이 세 번째라 더 _____ 에 빠져 있는 것 같네요.

5) 가: 저는 일을 하기 전에 먼저 계획을 세우는 편이에요. 계획한 일을 모두 끝내거나 목표를 이루는 게 정말 좋거든요.
    나: 맞아요. 목표를 이루었을 때 느끼는 그 _____ 은 말로 표현할 수 없지요.

6) 가: 이번 말하기 대회에서 좋은 결과를 기대해도 좋겠는데요?
    나: 저도 실수하지 않고 잘한 것 같아서 _____ 에 결과 발표가 기다려져요.

3. 알맞은 말을 골라 써 보세요.

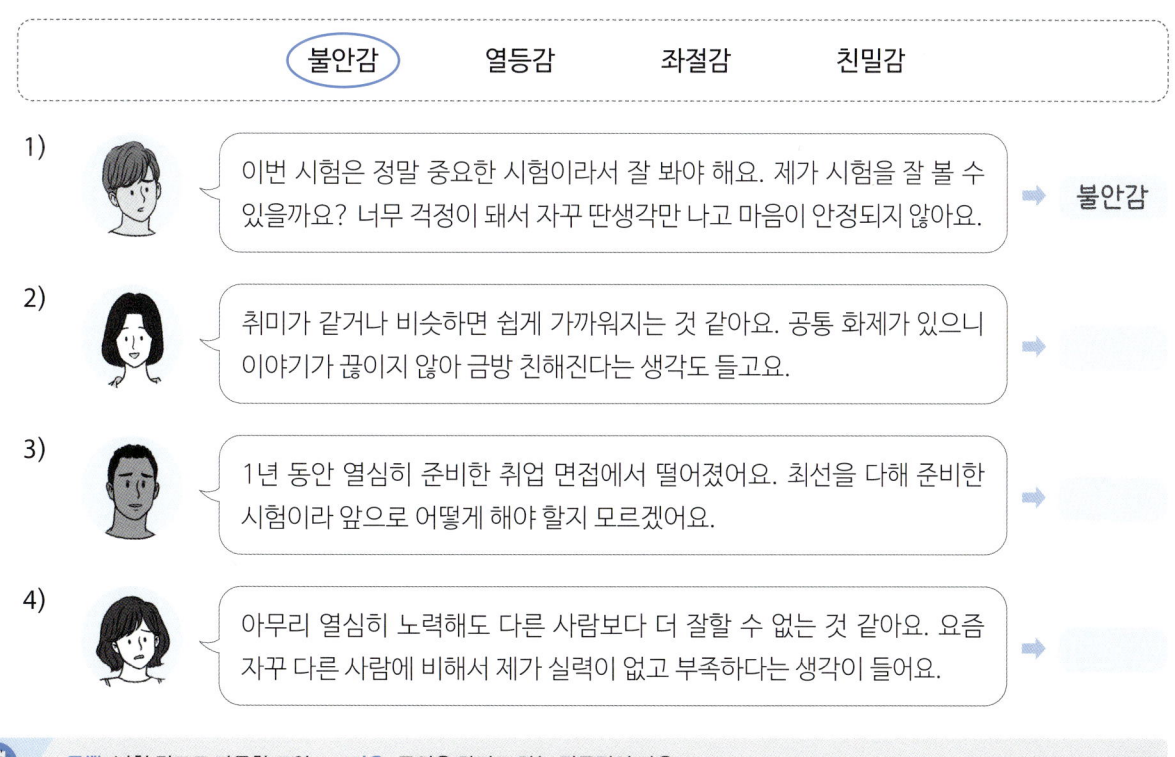

듬뿍: 넘칠 정도로 가득한 모양.   *의욕*: 무엇을 하려고 하는 적극적인 마음.

문법과 표현 1 명이란

1. 관계있는 것끼리 연결하고 문장을 완성해 보세요.

1) 공부 • • 일하지 않고 쉴 수 있어서 행복하다, 날

2) 음악 • • 살아가기 위한 수단*이며 없어서는 안 되다, 것

3) 돈 • • 세계와 나 자신을 알게 해 주다, 방법

4) 휴일 • • 들으면 즐겁고 마음이 편안해지다, 것

5) 자녀 • • 무엇이든지 다 해 줄 수 있다, 존재

1) 학생에게   공부란 세계와 나 자신을 알게 해 주는 방법이다 .

2) 나에게   .

3) 사람에게   .

4) 직장인에게   .

5) 부모에게   .

수단: 어떤 목적을 이루기 위한 방법.

2. 다음과 같이 문장을 완성해 보세요.

   1) 우정이란 <u>무슨 일이 있어도 끝까지 믿어 주는 마음입니다</u>.
      (무슨 일, 있다, 끝까지, 믿다)

   2) 사랑이란 _____.
      (서로, 아끼다, 배려하다)

   3) 여행이란 _____.
      (낯설다, 곳, 자유, 누리다*)

   4) 운동이란 _____.
      (건강, 유지하다, 매일, 하다)

   5) 가족이란 _____.
      (어려운 일, 있다, 힘, 되다)

3. 위 문법을 사용하여 다음 주제에 대해 여러분의 생각을 이야기해 보세요.

누리다: 생활 속에서 마음껏 즐기거나 맛보다.

문법과 표현 ② 동-음에 따라

1. 관계있는 것끼리 연결하고 문장을 완성해 보세요.

1) 취업이 어려워지다 • • 낯설었던 일이 익숙해지다
2) 혼자 사는 사람이 늘어나다 • • 여가 활동을 즐기는 사람들이 늘어나다
3) 자전거 도로*가 생기다 • • 결혼을 늦추는 사람들이 늘다
4) 근무 시간이 줄어들다 • • 자전거로 출퇴근하는 사람이 많아지다
5) 시간이 흐르다 • • 소형 가전제품 판매가 증가하다

1) 경제 상황이 안 좋아 <u>취업이 어려워짐에 따라 결혼을 늦추는 사람들이 늘고 있습니다</u>.

2) 최근 5년간 _____.

3) 서울을 비롯한 도시 곳곳*에 _____.

4) 직장인들의 _____.

5) 처음에는 한국 생활이 힘들었지만 _____.

2. 알맞은 말을 골라 문장을 완성해 보세요.

| 감소하다 | 발달하다 | (심해지다) | 인상되다 | 증가하다 |

1) 환경 오염이 <u>심해짐에 따라</u> 알레르기 환자가 늘어나고 있습니다.

2) 인구가 빠르게 _____ 정부에서 출산율을 높이기 위한 대책을 마련하고 있습니다.

도로: 사람이나 차가 다닐 수 있도록 만들어 놓은 넓은 길.   곳곳: 여러 곳 또는 이곳저곳.

3) 스마트폰 이용 시간이 _____ 스마트폰 중독*과 같은 부작용*도 많이 나타나고 있습니다.

4) 물가가 _____ 사람들의 소비가 눈에 띄게 줄고 있습니다.

5) 과학 기술이 _____ .

3. 위 문법을 사용하여 다음 그래프에 대해 이야기해 보세요.

1)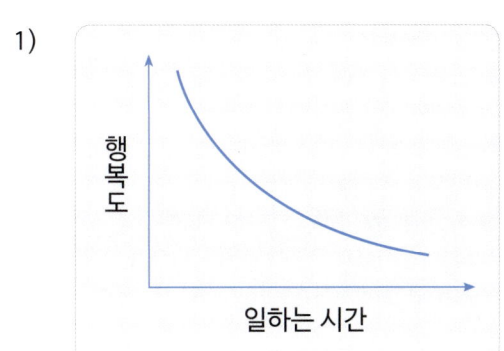

2)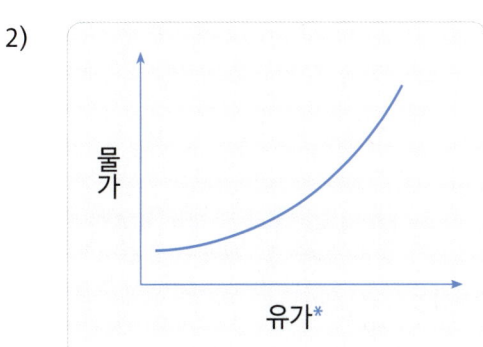

3)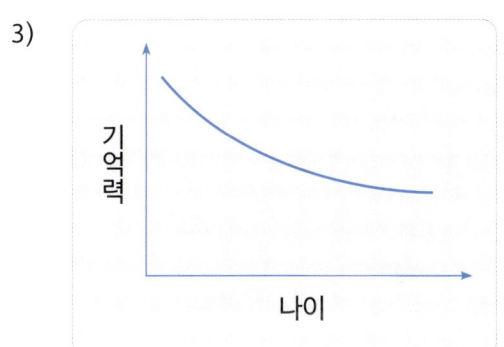

4)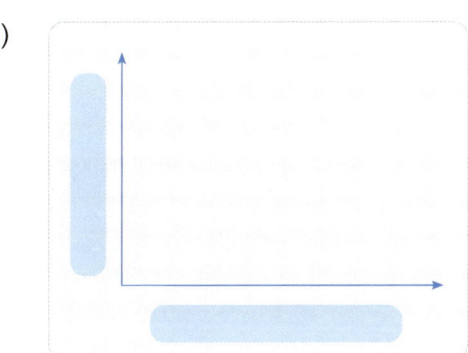

일하는 시간이 늘어남에 따라 행복도가 낮아지고 있습니다.

중독: 어떤 것 없이는 견디지 못하는 병적인 상태.   **부작용**: 어떤 일에 부수적으로 일어나는 좋지 못한 일.   **유가**: 석유의 가격.

어휘 Vocabulary

1. 밑줄 친 부분과 의미가 같은 말을 골라 알맞게 써 보세요.

> 맛집을 탐방하다   반려동물을 키우다   보드게임을 하다   식물을 기르다
> 예술 작품을 감상하다   취미 생활을 하다   휴식을 취하다

1) 평소에 즐겁게 하던 일도 하고 싶지 않거나 귀찮다는 생각이 든다면 잠시 <u>하던 일을 멈추고 쉴</u> 필요가 있다.
   ➡ 휴식을 취할

2) 우리 가족은 <u>맛있기로 소문난 식당에 찾아가 음식을 맛보는</u> 것을 좋아해서 한 달에 한 번씩은 꼭 유명한 식당에 간다. ➡

3) 요즘 집들이 선물로 받은 나무와 꽃에 푹 빠져 있다. <u>나무와 꽃에 물을 주며 키우는</u> 게 꽤 흥미롭고 재밌다.
   ➡

4) 예전에는 집에서 보통 강아지, 고양이를 길렀지만 요즘에는 강아지, 고양이뿐만 아니라 토끼, 새, 고슴도치 등 다양한 <u>동물들과 가족처럼 함께 사는</u> 사람들이 많아졌다.
   ➡

5) 어린아이들은 친구와 만나면 밖에서 뛰어놀거나 집에서 모여 앉아 <u>주사위나 카드를 사용해 말을 움직여 점수를 얻는 놀이를 하며</u> 시간을 보낸다. ➡

6) 가끔은 전시회를 찾아 <u>작가가 창작한 그림, 조각 등을 보고 즐기는</u> 것이 지친 마음을 회복하는 데 도움이 된다. ➡

7) 사람들은 <u>자신이 좋아하고 즐길 수 있는 일을 하면서</u> 여가 시간을 보낸다. 운동, 독서는 물론이고 최근에
   ➡
   는 집 꾸미기, 악기 연주 등 다양한 활동이 인기를 얻고 있다.

2. 알맞은 말을 골라 문장을 완성해 보세요.

> 긍정적 영향을 미치다   긴장이 완화되다   에너지가 충전되다
> 일과 생활의 균형을 잡다   일의 효율을 높이다   지친 심신이 치유되다

1) 하루 종일 도시 곳곳을 돌아다녀서 더 이상 걸어 다닐 힘이 없었다. 길가에 있던 카페에 들어가 커피 한 잔을 마시며 쉬었더니 그제야 <u>에너지가 충전되는</u> 느낌이 들었다.

2) 직원들에게 적당한 휴식 시간을 줘야 _____ 수 있다. 쉬어 가면서 일을 하면 같은 노력을 하더라도 더 좋은 결과를 가져올 수 있기 때문이다.

3) 요즘 젊은 세대는 _____ 수 있는 직장을 선호한다. 주말까지 일을 하던 기성세대*와 달리 젊은 세대는 일도 중요하지만 개인의 삶도 보장되어야* 만족감을 느끼기 때문이다.

4) 불안감을 느끼면 근육이 긴장돼서 굳어지는데, 이때 숨을 크게 쉬면 근육의 _____ 불안을 해소할 수 있다.

5) 서울시에서는 요가, 명상, 독서 프로그램 등을 운영하는 힐링 센터의 문을 열었다. 이곳을 통해 많은 시민들의 _____ 기대해 본다.

6) 부모의 칭찬은 아이가 자신감을 갖게 하고 스스로 문제를 해결하는 능력을 기르게 하는 등 아이의 성장에 _____ .

3. 알맞은 말을 골라 글을 완성해 보세요.

> 심리적 문제를 예방하다   스트레스 지수를 낮추다   에너지가 충전되다   휴식을 취하다

사람들은 쉬는 시간이 충분하지 않아도 살아가는 데 큰 문제가 없다고 생각한다. 하지만 휴식은 우리 삶에서 생각보다 중요한 역할을 하고 있다. 연구 결과에 따르면 잘 쉬어야 일이나 학업의 효율이 높아진다고 한다. 또한 잘 쉬기만 해도 우울감, 불안감 등 1) 심리적 문제를 예방할 수 있으며 긴장을 완화해 2) _____ 수 있다는 사실도 밝혀졌다. 그렇다면 잘 쉬는 것은 어떻게 쉬는 것일까? 전문가들은 모든 일을 완전히 멈추고 아무것도 하지 않는 것을 추천한다. 아무것도 하지 않고 진정한 3) _____ 때 다시 일을 할 수 있는 4) _____ 때문이다. 바쁘게 살아가는 현대인들에게 아무것도 하지 않고 쉬는 것은 어색하고 시간을 낭비하는 것처럼 느껴지겠지만 일단 한번 해 본다면 진정한 휴식의 효과를 맛볼 수 있을 것이다.

기성세대: 현재 사회를 이끌어 가는 나이가 든 세대.   보장되다: 어떤 일이 어려움 없이 이루어지도록 보호되다.

문법과 표현 3 동-음으로써

1. 관계있는 것끼리 연결하고 문장을 완성해 보세요.

1) 봉사 활동을 하다 • • 환경을 보호하다
2) 신나는 음악을 듣다 • • 교통비도 아끼고 건강도 유지하다
3) 일회용품 사용을 줄이다 • • 스트레스를 해소하다
4) 학교까지 걸어 다니다 • • 삶의 의미를 찾다
5) 세계 여러 나라를 여행하다 • • 다양한 문화를 이해하다

1) 나이가 든 후 삶이 무의미하게 느껴졌는데 <u>봉사 활동을 함으로써 삶의 의미를 찾을 수 있었다</u>.

2) 스트레스가 심할 때는 _____.

3) 일상생활에서 _____.

4) 운동할 시간이 없다면 _____.

5) 휴가 때마다 _____.

2. 알맞은 말을 골라 대화를 완성해 보세요.

경험하다 (노력하다) 발견하다 시행하다* 존중하다

1) 가: 본업*은 변호사시지만 사이좋은 가족의 비결에 대한 책도 쓰셨는데요. 일 때문에 많이 바쁘셨을 텐데 어떻게 가족들과 그렇게 사이가 좋으십니까?
   나: 아무리 바빠도 가족들과 매일 10분씩이라도 대화하려고 <u>노력함으로써 가족들과 사이좋게 지낼 수 있었습니다</u>.

시행하다: 실제로 행하다. 본업: 주가 되는 직업.

2) 가: 박사님, 암 환자가 급증하고 있는데 어떻게 하면 사망률을 낮출 수 있을까요?
   나: 정기적*으로 건강 검진을 하는 것이 중요합니다. 건강 검진을 통해 병을 초기에 _____.

3) 가: 작가님, 청소년들이 견문*을 넓히려면 어떻게 해야 한다고 보십니까?
   나: 꾸준히 책을 통해 지식을 쌓고 기회가 될 때마다 다양한 것을 _____.

4) 가: 물가가 계속 오르고 있는데 서민 생활을 안정시키기 위해 어떻게 할 계획이십니까?
   나: 이번에 마련한 물가 안정 정책을 _____.

5) 가: 교수님, 요즘 자존감*의 중요성에 대해서 많이 이야기하는데요. 어떻게 하면 자녀의 자존감을 향상시킬 수 있습니까?
   나: 부모가 자녀의 선택과 판단을 _____.

3. 그림을 보고 위 문법을 사용하여 집중력을 향상시킬 수 있는 방법을 말해 보고 자기가 알고 있는 방법도 이야기해 보세요.

점심시간에 잠깐 낮잠을 잠으로써 집중력을 향상시킬 수 있습니다.

낮잠 자기

짧게 명상하기

음악 듣기

책상 정리하기

아침 챙겨 먹기

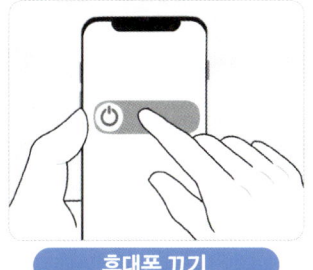
휴대폰 끄기

정기적: 기간이 일정하게 정해져 있는 (것).   **견문**: 보거나 들어 깨달은 지식.   **자존감**: 스스로 자신을 존중하는 마음.

문법과 표현 4 명에 따르면

1. 관계있는 것끼리 연결하고 문장을 완성해 보세요.

   1) 통계 자료 • — • 태풍으로 인해 비행기 도착이 지연되다*

   2) 안내 방송 • • 과학적으로 가장 효과적인 스트레스 해소법은 운동이다

   3) 연구 결과 • • 한국인이 선호하는 여가 활동 1위는 TV 시청이다

   4) 조사 결과 • • 1인 가구의 한 달 평균 생활비는 110만 원이다

   5) 식품업계 • • 올해 단백질 음료 매출액이 작년에 비해 10% 증가하다

   1) 통계청에서 발표한 <u>통계 자료에 따르면 1인 가구의 한 달 평균 생활비는 110만 원이라고 한다</u>.

   2) 공항 내 _____.

   3) 스트레스 해소에 대한 _____.

   4) 성인 남녀 3,000명을 대상으로 한 _____.

   5) 국내 _____.

2. 그림을 보고 대화를 완성해 보세요.

   1) **LEI 신문** — 물가, 5% 올라

      가: 물가가 너무 올라 걱정이네요. 식품이며 생필품*이며 안 오른 게 없어요.
      나: 그러게 말이에요. <u>신문 기사에 따르면</u> 상반기에만 물가가 5% 올랐다고 해요.

   > 지연되다: 시간이 늦춰지다.   생필품: 일상생활에 반드시 있어야 하는 물품.

2)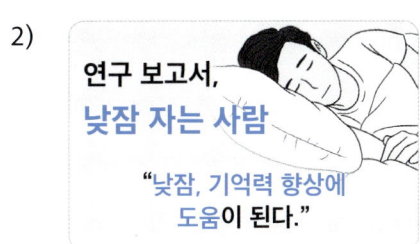

가: 낮잠을 자려고요? 저는 낮잠을 자면 오히려 머리가 아프던데 닛쿤 씨는 괜찮아요?

나: 저는 낮잠을 자는 게 공부하는 데 도움이 되던데요. _____ 20분 정도의 낮잠은 기억력 향상에 도움이 된대요.

3) 가: 요즘 멍하게 있는 시간이 많아요. 왜 그런지 모르겠어요.

나: 너무 심각하게 생각하지 마세요. 뉴스에서 봤는데 _____.

4) 가: 고객님, 고객님의 잘못으로 고장이 난 경우 수리비를 내셔야 합니다. 괜찮으십니까?

나: 이상하네요. 제가 제품을 살 때 받았던 _____.

5) 가: 요즘 20대는 결혼할 생각이 없다고 한다면서요?

나: 네. _____.

3. 위 문법을 사용하여 재미있는 연구 결과나 뉴스를 이야기해 보세요.

연구 결과   신문 기사   뉴스   조사 결과   ?

영국에서 진행한 연구 결과에 따르면 사랑의 유효 기간*은 3년이라고 해요.

신문 기사에 따르면 한국에서 34년 만에 다섯쌍둥이가 태어났다고 해요.

보증서: 제품이나 서비스가 틀림이 없음을 증명하는 서류. **무상 수리**: 아무 대가 없이 고장 난 곳을 고쳐 줌.
유효 기간: 효과가 유지되는 기간.

복습 1

어휘 Vocabulary

정리하기

✏ 다음에서 알고 있는 어휘에 ✔ 해 보세요.

1-1과

지방 ☐	탄수화물 ☐	피로를 해소하다 ☐
철분 ☐	끼니를 거르다 ☐	만성 질환에 걸리다 ☐
칼슘 ☐	질병에 걸리다 ☐	혈액 순환이 잘되다 ☐
단백질 ☐	노화를 방지하다 ☐	균형 잡힌 식사를 하다 ☐
무기질 ☐	면역력을 키우다 ☐	영양 불균형 상태가 되다 ☐
비타민 ☐	영양이 풍부하다 ☐	빈혈/당뇨/고혈압을 예방하다 ☐

1-2과

위 ☐	척추 ☐	체지방을 줄이다 ☐
장 ☐	근력 운동 ☐	바른 자세를 유지하다 ☐
폐 ☐	유산소 운동 ☐	심폐 기능이 향상되다 ☐
관절 ☐	숙면을 취하다 ☐	목/허리 디스크를 예방하다 ☐
근육 ☐	근육량을 늘리다 ☐	뻣뻣해진 몸/뭉친 근육을 풀다 ☐
심장 ☐	체중을 감량하다 ☐	체력/유연성/근력/지구력을 기르다 ☐

2-1과

기대감 ☐	좌절감 ☐	가치가 있다 ☐
만족감 ☐	친밀감 ☐	목표를 성취하다 ☐
불안감 ☐	행복감 ☐	인간관계가 좋다 ☐
성취감 ☐	무기력감 ☐	마음의 안정을 얻다 ☐
열등감 ☐	유능하다 ☐	경제적으로 여유롭다 ☐
우울감 ☐	자유롭다 ☐	

2-2과

식물을 기르다 ☐	반려동물을 키우다 ☐	지친 심신이 치유되다 ☐
긴장이 완화되다 ☐	에너지가 충전되다 ☐	충분한 휴식을 취하다 ☐
맛집을 탐방하다 ☐	일의 효율을 높이다 ☐	스트레스 지수를 낮추다 ☐
보드게임을 하다 ☐	긍정적 영향을 미치다 ☐	심리적 문제를 예방하다 ☐
취미 생활을 하다 ☐	예술 작품을 감상하다 ☐	관심 분야의 강의를 듣다 ☐
박람회를 구경하다 ☐	운동 경기를 관람하다 ☐	일과 생활의 균형을 잡다 ☐

평가하기

[1~5] 다음 (   )에 들어갈 가장 알맞은 것을 고르세요.

1.
날씨는 일의 (   )에 영향을 미친다. 날씨가 너무 덥거나 너무 추우면 같은 힘을 들여도 날씨가 좋을 때에 비해 그 결과가 좋지 않기 때문이다.

① 개념　　　　② 균형　　　　③ 효율　　　　④ 생활

2.
나이가 들수록 (   )이/가 진행되면서 여러 질병에 걸리기 쉽다. 그러므로 질병을 예방하기 위해서 평소에 유산소 운동과 근력 운동을 함께 해야 한다.

① 피로　　　　② 노화　　　　③ 빈혈　　　　④ 지방

3.
마라톤*은 오랜 시간 동안 뛰어야 하는 스포츠이기 때문에 (   )을 기르는 것이 중요하다.

① 친밀감　　　② 기대감　　　③ 면역력　　　④ 지구력

4.
가: 내가 신문에서 봤는데 손발이 찬 사람은 (   )이/가 잘 안돼서 그런 거래.
나: 맞아. 내가 손발이 엄청 차가운데 수영을 하고 나서 좀 좋아졌어. 수영은 전신* 운동이라 수영을 하면 온몸에 피가 잘 돌게 된대.

① 인간관계　　② 목표 성취　　③ 혈액 순환　　④ 에너지 충전

5.
가: 가진 돈을 자신을 위해 쓰기보다 다른 사람을 돕는 데 쓰는 사람들은 어떤 생각을 가지고 있을까?
나: 글쎄, 다른 사람을 도우며 사는 것에 (   )을/를 두는 게 아닐까?

① 영향　　　　② 지수　　　　③ 자세　　　　④ 가치

　마라톤: 42.195km를 달리는 경기 종목.　　전신: 몸 전체.

[6~10] 다음 밑줄 친 부분과 의미가 비슷한 것을 고르세요.

6. 자신과 남을 비교하면 경쟁심이 생겨 더 노력하게 되는 긍정적인 영향도 있지만 <u>자신이 남보다 못하다는 생각</u>에 빠질 위험성도 있다.

① 열등감　　　　　　　　② 불안감
③ 안정감　　　　　　　　④ 행복감

7. 우리 회사에서는 <u>능력이 있는</u> 인재를 뽑기 위해 개인 면접뿐만 아니라 그룹 면접도 진행하기로 했다.

① 풍부한　　　　　　　　② 유능한
③ 완화된　　　　　　　　④ 치유된

8. 김 과장님은 항상 <u>느긋하게</u> 일하는데도 주어진 시간 안에 일을 모두 끝내신다.

① 여유롭게　　　　　　　② 소소하게
③ 자유롭게　　　　　　　④ 적절하게

9. 어떤 목표든지 원하는 것을 <u>이루기</u> 위해서는 그만큼의 노력을 쏟아야 한다.

① 늘리기　　　　　　　　② 거르기
③ 성취하기　　　　　　　④ 탐방하기

10. <u>몸을 부드럽고 연하게 만든다</u>는 것은 관절이 움직일 수 있는 범위를 늘리는 것을 의미한다.

① 체지방을 줄인다　　　　② 유연성을 기른다
③ 체중을 감량한다　　　　④ 디스크를 예방한다

[11~13] 다음 (   )에 공통적으로 들어갈 단어를 고르세요.

11.
- 주변이 너무 시끄러워서 텔레비전 소리를 (   ).
- 아이들을 (   ) 예상하지 못한 일들이 많이 일어난다.
- 건강을 위한 식단 관리와 운동은 면역력을 (   ) 데 도움이 된다.

① 줄이다　　　　② 키우다　　　　③ 기르다　　　　④ 높이다

12.
- 사람들은 각자 원하는 방식으로 휴식을 (   ).
- 학교 축제에 좀 늦게 갔더니 모두 이미 분위기에 (   ) 있었다.
- 교통 문제를 해결하기 위한 새로운 정책에 대해 모두 긍정적인 입장을 (   ) 있다.

① 취하다　　　　② 미치다　　　　③ 예방하다　　　　④ 유지하다

13.
- 피로를 제대로 (   ) 않으면 두통, 근육통 등이 나타날 수 있다.
- 신도시의 교통난을 (   ) 위해 버스 노선을 새로 만들기로 했다.
- 눈물을 흘리는 것은 부정적으로 생각될 수도 있지만 스트레스를 (   ) 면에서 긍정적으로 볼 수도 있다.

① 충전하다　　　　② 방지하다　　　　③ 치유하다　　　　④ 해소하다

[14~15] 밑줄 친 부분이 어색한 것을 고르세요.

14.
① 그는 자신의 월급에 만족감을 느껴 이직하려고 한다.
② 복잡하고 불필요한 절차를 없애고 나니 일의 효율이 높아졌다.
③ 반복되는 사업 실패로 인해 무기력감에 빠져서 한동안 아무 일도 할 수 없었다.
④ 숙면을 취하는 것은 우리 신체와 정신 건강에 긍정적 영향을 주는 것으로 밝혀졌다.

15.
① 박물관이나 미술관에서 전시를 관람하면 행복한 기분이 든다.
② 건강을 위해 5대 영양소를 골고루 섭취하려는 노력을 해야 한다.
③ 노화로 인한 통증을 완화하려면 운동을 통해 근육량을 줄이는 것이 좋다.
④ 달리기, 줄넘기와 같은 유산소 운동을 꾸준히 하면 심폐 기능이 향상된다.

문법과 표현
Grammar & Expression

▶ 정리하기

✏️ 다음에서 알고 있는 문법과 표현에 ✔ 해 보세요.

1-1과

| 동-는 데(에) | ☐ 아침에 사과를 먹는 것은 노화를 **방지하는 데에** 좋다. |
| 동-으라면 | ☐ 제가 잘하는 운동을 **꼽으라면** 수영과 요가라고 할 수 있습니다. |

1-2과

| 동-되 | ☐ 앉아서 일을 **하되** 한 시간에 한 번씩 스트레칭을 해 주는 것이 좋다. |
| 동형-을뿐더러 | ☐ 우리는 그 사람을 만난 적도 **없을뿐더러** 이름도 모른다. |

2-1과

| 명이란 | ☐ **결혼이란** 평생 서로를 사랑하고 보살펴 주겠다는 약속입니다. |
| 동-음에 따라 | ☐ IT 기술이 **발전함에 따라** 생활이 편리해졌습니다. |

2-2과

| 동-음으로써 | ☐ 여행을 **함으로써** 세상을 보는 눈을 키울 수 있었습니다. |
| 명에 따르면 | ☐ **뉴스에 따르면** 국제 유가가 앞으로도 계속 오를 것이라고 합니다. |

▶ 평가하기

[1~2] 다음 ( )에 들어갈 가장 알맞은 것을 고르세요.

1.
   일에 몰두하는 사람이 많았던 1970~1980년대와 달리 요즘은 대부분의 사람이 일과 삶의 균형을 ( ) 일하는 시간을 줄이고 다양한 여가 활동을 즐기고 있다.

   ① 중시하더라도　　② 중시하나 마나　　③ 중시함에 따라　　④ 중시하는 반면에

2. (　　　　　　) 한마디로 설명할 수 없는 신기한 것이다. 때로는 마치 영화처럼 예상하지 못한 일들이 일어나기 때문이다.

① 인생이란　　　② 인생치고　　　③ 인생이라면　　　④ 인생이라도

[3~4] 다음 밑줄 친 부분과 의미가 비슷한 것을 고르세요.

3. 체중을 <u>감량하는 데에는</u> 설탕, 밀가루, 쌀 등의 탄수화물을 적게 섭취하는 것이 효과적이다.

① 감량하느라고　　② 감량한다면서　　③ 감량한다기보다는　　④ 감량하는 경우에는

4. <u>뉴스에 따르면</u> 연말연시*를 맞아 다음 주부터 내년 1월 말까지 전국적으로 음주 운전 단속*을 강화한다고 한다.

① 뉴스여야　　② 뉴스만 되면　　③ 뉴스야말로　　④ 뉴스에 의하면

[5~7] 알맞은 표현을 골라서 대화를 완성하세요.

| -음으로써　　-을뿐더러　　-되　　-으라면 |

5. 가: 요즘 버려진 플라스틱을 활용해 만든 옷이 유행인데요. 이런 옷의 장점은 무엇입니까?
   나: 버려진 플라스틱을 _____ 환경을 보호할 수 있고 쓰레기 처리 비용을 줄여 경제 효과도 기대할 수 있다는 것입니다.

6. 가: 선생님, 퇴원한 후에는 전처럼 걸어 다녀도 괜찮겠지요?
   나: 네. 하지만 아직 회복 중이니까 _____ 너무 오랜 시간 걷지는 마세요. 다리에 무리가 갈 수 있어요.

7. 가: 평소에 여행을 자주 다니던데 가장 기억에 남는 여행은 어떤 여행이었어요?
   나: 가장 기억에 남는 여행을 _____ 어릴 적 어머니와 함께 갔던 해외여행을 들 수 있어요. 좋은 추억이 많이 남아 나이가 든 지금도 자주 생각이 나거든요.

연말연시: 한 해의 마지막 시기와 새해가 시작되는 시기.　　**단속**: 규칙이나 법 등을 지키도록 관리함.

듣기 Listening

[1] 다음을 듣고 질문에 답하세요.

1. 무엇에 대해 이야기하고 있는지 고르세요.
   ① 휴식의 효과
   ② 아침 식사의 필요성
   ③ 규칙적인 식습관의 영향
   ④ 영양제의 올바른 섭취법

[2~3] 다음 대화를 듣고 질문에 답하세요.

2. 여자는 무엇을 하고 있는지 고르세요.
   ① 조사 결과를 분석하고 있다.
   ② 동아리 활동을 추천하고 있다.
   ③ 문제의 해결책을 제시하고 있다.
   ④ 청소년을 대상으로 조사하고 있다.

3. 들은 내용과 일치하는 것을 고르세요.
   ① 한국 학생들의 행복 지수는 OECD 평균보다 높게 나왔다.
   ② 동아리 활동과 행복 지수는 상관이 없다는 결과를 보였다.
   ③ 성적이 좋은 학생들이 학교생활에 가장 큰 만족감을 느꼈다.
   ④ 학생들은 좋아하는 일을 할 때 행복하다고 느끼는 것으로 나타났다.

[4~5] 다음 방송을 듣고 질문에 답하세요.

4. 이 뉴스의 목적으로 알맞은 것을 고르세요.
   ① 바른 자세 운동을 설명하기 위해
   ② 바른 자세 모델을 선발하기 위해
   ③ 바른 자세 캠페인을 홍보하기 위해
   ④ 바른 자세 알림 앱을 개발하기 위해

5. 들은 내용과 일치하는 것을 고르세요.
   ① 스트레칭을 설명하는 글을 올리면 상품을 받는다.
   ② 소개되는 스트레칭을 하면 집중력을 높일 수 있다.
   ③ 버스나 지하철에서는 스트레칭을 하지 않아야 한다.
   ④ 이 행사는 스트레칭을 권장하기 위해 올해 처음 실시되었다*.

 실시되다: 실제로 행해지다.

읽기 Reading

[1~2] 다음 글을 읽고 질문에 답하세요.

현대인들은 감기에 걸리면 병원이나 약국에 가는 방법을 가장 먼저 택한다. 그러나 아플 때 병원이나 약국에 가지 않고도 음식으로 병을 다스릴* 수 있는 방법이 있다. 바로 옛날부터 한국 사람들이 먹던 '배숙'을 먹는 것이다. 배숙은 특히 목감기와 기침감기에 효과적일뿐더러 재료가 많이 필요하지 않고 요리법도 단순해서 간단하게 만들 수 있다는 것이 장점이다.

배숙을 만들 때 필요한 재료는 배, 생강, 후추, 설탕, 물이다. 여기에 꿀을 추가해서 먹기도 한다. 배숙을 만드는 방법은 지역에 따라 여러 가지가 있지만 그중 배를 잘라서 만드는 방법을 살펴보면 다음과 같다. 먼저, 생강의 껍질*을 벗기고 얇게 썰어 물을 붓고 끓인 뒤에 생강을 꺼낸다. 그다음 배를 여섯 조각으로 나누어 자르고 껍질을 깎은 뒤 통후추를 세 개씩 꾹 눌러 넣는다. 마지막으로 생강을 끓였던 물에 준비한 배를 설탕과 함께 넣어 끓인다. 배를 푹 익힌 후 차게 식혀 먹으면 된다.

그렇다면 배숙에는 어떤 영양소가 풍부하게 들어 있을까?

1. 이 글 다음에 이어질 내용으로 알맞은 것을 고르세요.

① 배숙의 효능
② 배숙의 역사
③ 배숙의 특징
④ 배숙의 영양 성분

2. 배숙에 대한 설명으로 알맞은 것을 고르세요.

① 배숙을 먹을 때는 꿀과 함께 먹을 수 있다.
② 배숙을 만드는 방법은 지역마다 동일하다.
③ 배숙은 재료가 간단하지만 요리법은 복잡하다.
④ 배숙은 한국인들이 현대에 들어와 먹기 시작했다.

 다스리다: 병을 낫게 하다.　**껍질**: 물체의 겉을 싸고 있는, 단단하지 않은 것.

[3~5] 다음 글을 읽고 질문에 답하세요.

이번에 소개할 운동은 에스엔피이(SNPE)라는 운동으로, 국내에서 처음 시작되었다. 에스엔피이는 바른 자세를 회복하자는 취지*에서 개발됐으며 벨트 등의 운동 기구를 이용하는 여러 가지 동작으로 구성된다. (㉠) 이 운동을 함으로써 잘못된 자세로 인해 망가진 근육과 관절을 바로잡고 척추를 교정할 수 있다.

사람들의 후기를 살펴보면 두통 및* 목과 허리의 통증이 완화되었고, 뭉친 근육을 풀어 줘서 몸이 가벼워진 것을 느꼈다고 한다. (㉡) 또한 혈액 순환이 잘되고 피로가 해소되면서 행복감을 느끼는 등 긍정적인 심리 변화도 보였다.

에스엔피이는 시간이 날 때마다 집에서 혼자 할 수 있고 동작이 어렵지 않아 초보자도 영상을 보며 쉽게 따라 할 수 있다. (㉢) 잘못된 자세로 운동하면 오히려 병을 키울 수 있기 때문이다. 평소 안 좋은 자세로 인한 피로와 통증으로 고생하고* 있다면 이 운동을 시작해 보는 것은 어떨까? (㉣)

SNPE 1번 동작
손 뒤로 깍지 끼고 앉지 자세

SNPE 2번 동작
무릎 꿇고 다리 묶어 뒤로 눕기

ⓒ SNPE
출처: SNPE 홈페이지

3. 이 글을 쓴 목적으로 알맞은 것을 고르세요.
   ① SNPE 운동을 평가하기 위해서
   ② SNPE 운동을 교육하기 위해서
   ③ SNPE 운동을 비판하기 위해서
   ④ SNPE 운동을 추천하기 위해서

4. 이 글의 내용과 일치하는 것을 고르세요.
   ① 이 운동은 해외에서 시작되어 국내에 소개되었다.
   ② 이 운동을 한 사람들은 정신적 효과는 보지 못했다.
   ③ 이 운동을 통해 통증을 줄이고 피로도 없앨 수 있다.
   ④ 이 운동은 기구를 사용하기 때문에 혼자서 하기 어렵다.

5. 이 글에서 보기 의 글이 들어가기에 가장 알맞은 곳을 고르세요.

   보기   그러나 척추 관련 질환이 있다면 혼자 하기보다는 전문가의 도움을 받는 것이 좋다.

   ① ㉠   ② ㉡   ③ ㉢   ④ ㉣

 취지: 어떤 일의 근본이 되는 목적이나 매우 중요한 뜻.   및: 그리고 또.   고생하다: 어렵고 힘든 일을 겪다.

쓰기 Writing

✏️ **다음 주제로 글을 쓰세요. (500자 이상)**

모든 사람은 행복한 삶을 원합니다. 그러나 사람마다 떠올리는 행복한 삶의 모습은 다릅니다. 여러분이 생각하는 행복한 삶이란 어떤 삶인지 정의하고, 행복한 삶을 위한 필수 요소 세 가지와 그 이유를 써 보세요.

아래 어휘 중에서 세 가지 이상을 사용하세요.

만족감, 성취감, 행복감, 유능하다, 자유롭다, 가치가 있다, 목표를 성취하다, 인간관계가 좋다, 경제적으로 여유롭다

말하기 과제
Speaking Task

✏️ **카드 뉴스를 만들어 봅시다.**

준비하기

친구들과 조별로 모여 행복이나 휴식과 관련된 주제로 카드 뉴스 제작 계획을 세워 보세요.

목적	☐ 정보 전달 ☐ 상품 홍보 ☐ 캠페인
주제	
내용	

활동하기

1. 사람들의 호기심을 끌 수 있도록 카드 뉴스의 첫 페이지를 만들어 보세요.

_____ 이란?

1

2. 조별로 정한 카드 뉴스의 목적에 맞게 필요한 내용을 넣어 카드 뉴스를 제작해 보세요.

2	3
4	5

발표하기 제작한 카드 뉴스를 발표해 보세요.

> 저희 조에서 제작한 카드 뉴스를 보여 드리겠습니다. 저희 조는 휴식을 취하는 데 도움이 되는 상품을 홍보할 목적으로 카드 뉴스를 제작했습니다. 홍보하는 상품은 요즘 인기 있는 '감성 캠핑' 관련 용품으로 총 세 개인데요. 카드 뉴스를 보여 드리면서 설명하도록 하겠습니다. …

평가하기 각 조의 카드 뉴스를 평가해 보세요.

호기심을 끌도록 카드 뉴스를 제작했다.	☆☆☆☆☆
정보 전달, 상품 홍보, 캠페인 등 목적에 맞게 카드 뉴스를 제작했다.	☆☆☆☆☆
전달하려는 내용이 명확했다.	☆☆☆☆☆
내용이 설득력 있었다.	☆☆☆☆☆

3 언어와 학습

3-1 언어와 문화
3-2 언어 학습

3-1	어휘	속담과 관용어, 의성어와 의태어
	문법과 표현	동-는 데(에) 반해(서), 형-은 데(에) 반해(서), 명인 데(에) 반해(서)
		동-는 데(에) 비해(서), 형-은 데(에) 비해(서), 명인 데(에) 비해(서)
3-2	어휘	외국어 학습, 학습 방법
	문법과 표현	명(에) 못지않게
		동-고서

어휘 Vocabulary

1. 알맞은 속담을 골라 써 보세요.

> 낫 놓고 기역 자도 모른다   빈 수레가 요란하다
> 사공이 많으면 배가 산으로 간다   소 잃고 외양간 고친다

1) 사공이 많으면 배가 산으로 간다
   ➡ 여러 사람이 자기 뜻대로 배를 가게 하려고 하면 결국 배가 물로 못 가고 산으로 올라간다는 뜻으로, 여러 사람이 각자 자기주장만 하면 일이 제대로 되기 어렵다는 뜻을 나타낸다.

2)
   ➡ 기역 자(ㄱ) 모양으로 생긴 낫을 보고도 기역 자를 모른다는 뜻으로, 글자를 모르거나 아주 무식한 사람을 나타낸다.

3)
   ➡ 수레에 아무것도 들어 있지 않을 때 오히려 더 큰 소리가 난다는 뜻으로, 겉으로만 떠들어 대고 실속*은 없는 사람을 나타낸다.

4)
   ➡ 소가 없어진 다음에 빈 외양간을 고친다는 뜻으로, 일이 이미 잘못된 뒤에는 해결하려고 해도 소용없다는 뜻을 나타낸다.

2. 알맞은 말을 골라 대화를 완성해 보세요.

> 귀가 얇다   눈이 높다   머리가 굵다   발톱을 드러내다   손이 크다

1) 가: 요즘 이직을 고민한다면서요? 어디로 옮길지 정했어요?
   나: 아직 못 정했어요. 제가 <u>눈이 높아서</u> 원하는 조건과 맞는 곳을 찾는 게 힘드네요.

2) 가: 왜 이렇게 장을 많이 봤어요?
   나: 시장에서 할인을 많이 하는 데다가 제가 _____ 조금만 사지를 못해서요.

실속: 실제로 핵심이 되는 부분.

3) 가: 아이가 중학생이 되더니 자기 뜻대로만 하려고 하네요.
   나: 아이들이 중학생쯤 되면 _____ 말을 안 듣지요.

4) 가: 여보, 이거 먹어 봐. 이 주스를 아침마다 한 잔씩 마시면 혈액 순환이 잘된다고 해서 샀어.
   나: 집에 최근에 산 영양제도 많은데 건강식품을 또 샀어? 당신은 정말 _____ 걱정이야.

5) 가: 현재 출연하고 계시는 주말 드라마가 큰 인기를 끌고 있는데요. 다음 회 이야기 좀 살짝 해 주세요.
   나: 다음 회부터는 착하고 순해 보였던 주인공이 숨겨 왔던 _____ 복수*를 시작할 예정이에요. 많이 기대해 주세요.

3. 알맞은 말을 골라 글을 완성해 보세요.

> 관용어   반짝반짝   소곤소곤   (속담)   의성어   의태어   콜록콜록   허둥지둥

한국어에는 다양한 표현이 있다. 자세히 살펴보면 옛날부터 일반 사람들 사이에 전해 오며 삶에 대한 교훈을 주는 짧은 말인 1) 속담 을 비롯해서 두 개 이상의 단어로 이루어져 특별한 의미를 가지고 많은 사람들이 습관처럼 쓰는 말인 2) _____ 이/가 있다. 이 외에도 3) _____ 과/와 4) _____ 이/가 있는데 3) _____ 은/는 사람이나 물건의 소리를 흉내 내는 말이다. 예를 들면 다른 사람이 듣지 못하도록 작은 목소리로 이야기하는 소리를 5) _____, 기침하는 소리를 6) _____ (이)라고 한다. 소리뿐만 아니라 모양을 흉내 내는 4) _____ 도 있다. 그 예로 7) _____ 을/를 들 수 있는데 이는 작은 빛이 잠깐씩 반복해서 나타났다가 사라지는 모습을 표현한 것이다. 또한 8) _____ 은/는 정신없을 정도로 급하게 서두르는 모습을 나타낸다. 한국어에는 이 밖에도 다양한 표현이 있는데 이런 특징이 한국어를 배우는 데 재미를 주는 요소가 된다.

*복수: 자기에게 해를 끼친 사람에게 되갚는 것.

문법과 표현 1 동-는 데(에) 반해(서), 형-은 데(에) 반해(서), 명인 데(에) 반해(서)

1. 관계있는 것끼리 연결하고 문장을 완성해 보세요.

    1) 몸이 힘들다 • • 품질이 _____
    2) 영상이 아름답다 • • 보람을 <u>느끼다</u>
    3) 월급이 적다 • • 방이 _____
    4) 디자인이 예쁘다 • • 내용이 _____
    5) 거실이 크다 • • 사무실 분위기가 _____

    1) 봉사 활동을 하면 <u>몸이 힘든 데에 반해서 보람을 느낄 수 있다</u> .
    2) 이 영화는 _____ .
    3) 새로 취직한 회사는 _____ .
    4) 이번에 산 구두는 _____ .
    5) 이 집은 _____ .

2. 그림을 보고 대화를 완성해 보세요.

    1)
    가: 학교 근처 식당은 모두 가격이 저렴해요?
    나: 모두 그런 건 아니에요. <u>가격이 저렴한 식당이 있는 데 반해 비싼 식당도 있어요</u> .

2) 가: 켈리 씨는 정말 부지런한 것 같아요. 매일 일찍 일어나요?
   나: 매일은 아니에요. _____.

3) 가: 줄리앙 씨는 동생하고 많이 닮았는데 성격도 비슷해요?
   나: 아니요. _____.

4) 가: 오늘 일기 예보 봤어요? 날씨가 어떻대요?
   나: _____.

5) 가: 학교에 지각하지 않으려면 버스보다 지하철을 타는 게 좋지요?
   나: 네. _____.

3. 위 문법을 사용하여 다음 주제에 대해 이야기해 보세요.

친구   도시   날씨   가격   ?

저는 성격이 느긋한 데 반해 제 친구는 급한 편이에요.

서울은 어디를 가든지 복잡한 데 반해 우리 고향은 사람이 없고 한산해요.

문법과 표현 ② 동-는 데(에) 비해(서), 형-은 데(에) 비해(서), 명인 데(에) 비해(서)

1. 다음을 읽고 위 문법을 사용하여 문장을 완성해 보세요.

1)
사람들은 보통 가격이 비쌀수록 품질이 좋을 거라고 생각합니다. 그러나 이 물건은 가격이 비싸지만 그만큼 품질이 좋지 않습니다.

➡ 이 물건은 가격이 비싼 데에 비해서 품질이 좋지 않다 .

2)
보통 분위기가 좋은 고급 식당은 서비스도 좋기 마련이지요. 그런데 학교 앞 식당은 분위기는 좋지만 서비스는 좋지 않아요.

➡ 학교 앞 식당은   .

3)
새로 이사를 왔는데 집이 좀 좁아요. 하지만 수납공간*이 많아 별로 불편하지 않아요.

➡ 새로 이사 온 집은   .

4)
시험 기간에는 보통 도서관에 학생들이 많아 빈자리 찾기가 힘들어요. 그런데 이번 주는 시험 기간인데도 도서관에 학생들이 많지 않네요.

➡ 이번 주는   .

5)
해마다 물가가 상승하고 있습니다. 물가가 오르면 월급도 그만큼 올라야 좀 살 만할 텐데 물가는 오르고 월급은 그대로니 살기가 힘듭니다.

➡ 물가가   .

 *수납공간: 물건을 넣어 두는 공간.

2. 다음과 같이 대화를 완성해 보세요.

1) 가: 운동을 많이 하는 데 비해 살이 잘 안 빠져요.
     (운동을 많이 하다, 살이 잘 안 빠지다)
   나: 달리기, 걷기 같은 유산소 운동도 중요하지만 근력 운동도 함께 해야 해요.

2) 가: 사장님은 _____.
                (돈이 많다, 검소한 생활을 하다)
   나: 맞아요. 오늘도 지하철을 타고 출근하셨대요.

3) 가: 이번에 면접은 잘 봤어요?
   나: _____.
        (준비를 많이 못 하다, 잘 본 것 같다)

4) 가: 주말에 여행 잘하고 왔어요? 주말이라서 복잡했을 것 같아요.
   나: _____ 괜찮았어요.
        (주말이다, _____)

5) 가: 요즘 밥 먹고 쿠키나 케이크를 조금씩 먹었더니 살이 찐 것 같아요.
   나: 쿠키나 케이크 같은 디저트는 _____ 그럴 거예요.
                                    (양이 적다, _____)

3. 위 문법을 사용하여 다음 그림에 대해 이야기해 보세요.

명절인 데에 비해 고속 도로에 차가 별로 없네요.

3,000원

200만 원

어휘 Vocabulary

1. **알맞은 말을 골라 문장을 완성해 보세요.**

   > 고급 모국어 의식적 (학습법) 암기하다 익히다 필기하다

   1) 성적이 좋은 학생의 공부 방법을 따라 한다고 좋은 성적을 받을 수 있는 것은 아니다. 자신에게 맞는 __학습법__ 을 찾는 것이 중요하다.

   2) 정부에서는 해외에 거주하는 우리나라 청소년을 대상으로 올바른 _____ 사용을 위한 교육 프로그램을 운영하고 있다.

   3) 이번 학기에는 한국어를 처음 공부하는 학생을 위한 초급 수업과 1년 이상 한국어를 공부한 학생을 위한 _____ 수업이 새로 개설될* 예정이다.

   4) 나는 어렸을 때부터 긴장을 하면 손톱을 뜯는 버릇이 있는데 다른 사람들 앞에서는 하지 않기 위해 _____ (으)로 노력하는 편이다.

   5) 나는 한국어를 공부할 때 외울 어휘를 휴대폰에 메모해 놓는다. 이렇게 하면 시간이 날 때마다 틈틈이 볼 수 있기 때문에 어휘를 쉽게 _____ 수 있다.

   6) 수업 시간에 선생님께서 중요하다고 강조하시는 내용은 시험에 나올 확률이 높기 때문에 꼭 공책에 _____ 놓아야 한다.

   7) 지도를 잘 볼 줄 몰라서 여행할 때마다 자주 길을 잃어버렸다. 이번에 가족과 함께 여행 갈 때는 실수를 하지 않으려고 지도 보는 법을 완벽하게 _____.

2. **밑줄 친 부분과 의미가 같은 말을 골라 알맞게 써 보세요.**

   > 다양한 어휘를 사용하다   단계에 도달하다   (무의식적으로 따라 하다)
   > 유창하게 구사하다   외국어에 능통하다   정확한 문법을 사용하다

   1) 좋아하는 가수의 노래를 반복해서 들었더니 노래의 시작 부분만 들어도 <u>나도 모르게 저절로 따라 부르게 된다</u>.
   ➡ 무의식적으로 따라 하게 된다

   📝 개설되다: 제도, 시설, 수업 등이 새로 만들어지다.

2) 그는 아버지가 외교관이어서 어릴 때부터 세계 여러 나라를 돌아다니며 지냈다. 그래서 다양한 나라의 문화를 잘 이해하고 있을뿐더러 네 개 언어를 모두 잘하는 등 외국어 능력이 뛰어나다.

→

3) 이번 한국어 말하기 능력 시험에서 높은 점수를 받은 비결은 한국어를 모국어 화자처럼 자연스럽게 막힘 없이 이야기하고 문법 규칙을 잘 지켜서 말한 데 있었다.

→

→

4) 말을 잘하는 사람의 특징은 말하는 상황에 맞게 여러 가지 단어나 표현을 써서 대화한다는 데 있다.

→

5) 그 사람의 거짓말을 모른 척하며 몇 년 동안 들어 왔는데 이제 더 이상 참을 수 없는 수준이 되었다.

→

3. 알맞은 말을 골라 써 보세요.

| 그룹 활동을 하다 | 밑줄을 긋다 | 시각 자료를 이용하다 | 짝 활동을 하다 |

1) 여러 친구들과 함께 토의를 하거나 토론을 하면서 배우는 게 더 오래 기억에 남아서 이런 활동을 하는 수업 방식을 선호해요.
→ 그룹 활동을 하다

2) 저는 가르칠 때 학생들이 더 잘 이해할 수 있도록 표, 그래프, 사진 등을 자주 제시해요.
→

3) 한국어 수업 시간에 옆 친구와 함께 대화하는 활동을 좋아해요. 대화하며 한국어를 연습할 수 있고 서로 모르는 것도 가르쳐 줄 수 있거든요.
→

4) 혼자 공부할 때 중요하다고 생각되는 단어나 문장 아래에는 선으로 표시해 놓고 나중에 그 부분만 다시 봐요.
→

문법과 표현 3 — 명(에) 못지않게

1. 다음을 읽고 위 문법을 사용하여 말해 보세요.

1) 여행하는 동안 묵었던 숙소는 5성급 호텔만큼 깨끗하고 조용해서 편안하게 지낼 수 있었다.

여행하는 동안 묵었던 숙소는 <u>5성급 호텔에 못지않게 깨끗하고 조용해서 편안하게 지낼 수 있었어요</u>.

2) 서울 시내버스는 버스 전용 차로*로 다니기 때문에 출퇴근 시간에도 지하철만큼 빠르다.

서울 시내버스는 버스 전용 차로로 다니기 때문에 출퇴근 시간에도 _____.

3) 이번 축제에서도 다양한 행사를 진행해서 작년처럼 많은 사람들이 참여했다.

이번 축제에서도 다양한 행사를 진행해서 _____.

4) 우리 엄마는 유명한 식당의 요리사라고 해도 믿을 정도로 음식을 잘 만드신다.

우리 엄마는 _____.

5) 내 친구는 영어 모국어 화자라고 해도 될 정도로 영어를 유창하게 구사한다.

제 친구는 _____.

 버스 전용 차로: 버스만 다닐 수 있는 차로.

2. 알맞은 말을 골라 대화를 완성해 보세요.

> 사람   식당   작년   화가   시험 성적

1) 가: 요즘은 사람들이 편의점에서 끼니를 해결하는 경우가 많은 것 같아요.
   나: 네. 편의점 음식이 <u>식당 못지않게 맛있어서 그런 것 같아요</u>.

2) 가: 사라 씨가 밤낮으로 그림을 그리더니 이번에 대회에서 상도 받았대요.
   나: 우와! 사라 씨가 이제 _____.

3) 가: 단풍을 본 지가 얼마 안 된 것 같은데 벌써 겨울이네요. 올해 겨울도 추울까요?
   나: 네. 뉴스에서 올해 겨울도 _____.

4) 가: 어제 식당에 갔는데 사람 대신 로봇이 음식을 가져다주는 걸 봤어요.
   나: 이제 로봇이 _____.

5) 가: 대학 입학을 준비할 때 무엇보다 시험 성적이 제일 중요하지요?
   나: _____.

3. 위 문법을 사용하여 다음 단어가 들어가는 문장을 만들어 보세요.

축구 선수   가수   모델   한국 사람   ?

제 친구는 축구 선수에 못지않게 축구를 잘해요. 한번 경기를 하면 세 골 정도는 쉽게 넣어요.

문법과 표현 ④ 동-고서

1. 알맞은 말을 골라 대화를 완성해 보세요.

> 소식을 듣다   수술을 받다   숙제를 끝내다   이야기를 나누다   (창문을 열어 놓다)

1) 가: 집에 무슨 일 있어요? 왜 이렇게 급하게 집에 가요?
   나: 오후에 비가 온다고 했는데 <u>창문을 열어 놓고서</u> 그냥 온 게 갑자기 생각나서요.

2) 가: 민수 씨가 건강을 되찾은 것 같아요. 얼굴이 좋아 보이더라고요.
   나: 네. _____ 건강이 많이 좋아졌대요.

3) 가: 히엔 씨가 고향에 돌아갔어요? 갑자기 왜요?
   나: 할아버지께서 돌아가셨다는 _____ .

4) 가: 엄청 피곤해 보이는데 어제도 늦게 잤어?
   나: 응. 새벽 두 시쯤에 _____ .

5) 가: 요즘 친구와 싸워서 속상해하더니 친구하고 화해했어?
   나: 응. 친구와 진지하게 _____ .

2. 다음을 읽고 위 문법을 사용하여 문장을 완성해 보세요.

1)  두통이 너무 심해서 도저히 일을 할 수가 없었습니다. 진통제*를 먹은 후에 다시 일에 집중할 수 있었습니다.

   ➡ 두통이 너무 심해서 <u>진통제를 먹고서야</u> 일에 집중할 수 있었다.

 진통제: 통증을 느끼지 못하게 하는 약.

2)  오늘 배울 문법을 예습했는데 잘 이해가 되지 않았습니다. 수업 시간에 선생님의 설명을 듣고 완전히 이해하게 됐습니다.

➡ _____ 오늘 공부한 문법을 완전히 이해하게 됐다.

3)  평소에 먹는 것에 대해서 크게 신경을 쓰지 않았습니다. 그러나 건강 검진 결과를 확인하고 나서 건강을 위해 식단 관리를 하게 됐습니다.

➡ _____ 평소에 먹는 식단에 신경 쓰게 됐다.

4)  제가 처음부터 요리를 잘했던 것은 아닙니다. 다양한 요리를 시도해 보고 여러 차례 실패한 후에 어떤 음식이든 맛있게 만들 수 있게 됐습니다.

➡ _____ 음식을 잘 만들게 됐다.

5)  아이를 낳고 나니 아이가 너무 사랑스럽습니다. 이제야 부모님의 사랑이 얼마나 큰지 알게 됐습니다.

➡ _____ 부모님의 사랑이 얼마나 큰지 알게 됐다.

3. 위 문법을 사용하여 다음 주제에 대해 이야기해 보세요.

부모님의 사랑   건강의 중요성   친구의 소중함   예습/복습의 효과   ❓

언제 부모님의 사랑을 알게 됐어요?

한국에 유학을 오고서야 부모님의 사랑을 알게 됐어요. 한국에서 혼자 생활하면서 어려움이 많았거든요. 그전에는 부모님 덕분에 아주 편하게 생활했다는 것을 알게 됐지요.

4

사고와 고정 관념

4-1 문화와 사고방식

4-2 고정 관념과 가치관

4-1	어휘	사고방식, 인상
	문법과 표현	명을 막론하고
		동형-으면 몰라도, 명이면 몰라도
4-2	어휘	고정 관념, 가치관
	문법과 표현	동-기 십상이다
		동-을 겸

어휘 Vocabulary

1. 알맞은 말을 골라 문장을 완성해 보세요.

> 개인주의   공동체주의   (사고방식)   세대 차이

1) 자라 온 환경에 따라서 __사고방식__ 이 달라질 수밖에 없다. 그래서 친한 친구라고 해도 다른 환경 속에서 살았다면 생각하는 방법이나 태도가 달라서 다툼이 일어날 수 있다.

2) _____ 사회에서는 개인의 능력, 이익, 자유를 무엇보다 최우선으로 생각한다. 개개인*의 가치가 인정받는다는 장점이 있지만 사회 구성원 모두가 개인의 이익만 추구할 경우 사회에 부정적인 영향을 미칠 수도 있다.

3) 언어, 음식, 옷, 음악 등은 시대 흐름에 크게 영향을 받기 때문에 같은 시대를 살아온 사람들은 서로 동질감*을 느낄 수 있지만 다른 나이대의 사람들과는 서로 _____ 를 느끼는 경우가 많다.

4) 예전에는 자신이 속해 있는 집단*을 중시하는 _____ 가 강했기 때문에 개인의 가치는 상대적으로 인정받기 어려웠다.

2. 그림을 보고 알맞은 말을 골라 문장을 완성해 보세요.

> 가족적   (권위적)   보수적   열정적

1)  상사가 너무 __권위적이어서__ 힘들어요. 자기가 이 분야에서 10년을 일했다면서 제 의견은 무시하고 무조건 자기 말만 들으라고 해요.

2) 요즘 사람들은 신체를 드러내는 옷을 입는 것에 대해서 별로 거부감이 없는 것 같은데요. 저는 _____ 짧은 치마나 배꼽이 보이는 옷을 입는 것은 좋아하지 않아요.

개개인: 한 사람 한 사람.   **동질감**: 성질이 서로 비슷해서 익숙하거나 잘 맞는 느낌.   **집단**: 여럿이 모여 이룬 모임.

3)

우리 대표 팀이 꼭 이기기를 바라면서 _____ 응원했어요.

4)

하숙집* 아주머니께서 매일 아침밥도 챙겨 주시고 저를 딸처럼 대해 주세요. _____ 분위기 속에서 생활하고 있어요.

3. 밑줄 친 부분과 의미가 같은 말을 골라 알맞게 써 보세요.

   무표정하다   신속하다   (성향이 강하다)   정이 많다   첫인상이 바뀌다

1) 우리 아버지는 변화를 거부하고 전통적인 것을 유지하려는 보수적인 모습을 많이 보이신다. 그래서 우리 집에는 아직도 통금* 시간이 있다.
   ➡ 성향이 강하시다

2) 한국에서는 인터넷으로 물건을 주문하면 매우 빠르게 배달된다. 어제 물건을 주문했는데 오늘 아침에 배송된 걸 보고 깜짝 놀랐다.
   ➡

3) 사람을 처음 만났을 때 받은 느낌이 달라지는 것은 쉬운 일이 아니기 때문에 처음에 좋은 인상을 심어 주는 것이 좋다.
   ➡

4) 내 룸메이트는 겉으로는 무뚝뚝하고 차가워 보이지만 알고 보면 마음이 따뜻하고 다른 사람을 잘 챙기는 사람이다.
   ➡

5) 행사가 진행되던 중, 사회자가 질문할 사람으로 나를 가리켰을 때 당황한 것을 들키지 않기 위해 아무런 표정도 짓지 않은 얼굴로 가만히 일어섰다.
   ➡

하숙집: 일정한 방세와 식비를 내고 사는 집.   통금: 특정한 지역이나 시간에 사람이 다니는 것을 금지하는 일.

문법과 표현 1 명을 막론하고

1. 관계있는 것끼리 연결하고 대화를 완성해 보세요.

   1) 동서고금 • • 쉽게 따라 부를 수 있다
   2) 이유 여하 • • 그 가치를 인정받다
   3) 여야* • • 시험 시간에 지각하면 시험을 볼 수 없다
   4) 남녀노소 • • 그 안건에 모두 찬성하다
   5) 동서양 • • 위인*들은 큰 어려움을 극복하고서야 세상에 이름이 알려지다

   1) 가: 이 위인전 읽어 봤어요? 여기 나오는 인물들은 처음에 모두 힘든 삶을 살았더라고요.
      나: <u>동서고금을 막론하고 위인들은 큰 어려움을 극복하고서야 세상에 이름이 알려지는 것 같아요</u>.

   2) 가: 여러분, 내일은 시험 날이니까 늦지 마세요. _____.
      나: 네! 절대 늦지 않겠습니다.

   3) 가: 요즘 금연 구역을 더 확대해야 한다는 여론이 있는 것 같아요.
      나: 네. 이번 국회*에서도 _____.

   4) 가: 요즘 이 노래 인기가 정말 많던데 유미 씨도 알아요?
      나: 그럼요. 이 노래는 _____ 그런 것 같아요.

   5) 가: 누하 작가가 지난달에는 파리에서 전시를 하더니 이번 달부터는 서울에서도 전시를 할 예정이래요.
      나: 정말요? 누하 작가의 작품이 _____ 말할 수 있겠네요.

2. 다음을 읽고 위 문법을 사용하여 문장을 완성해 보세요.

   1)  이유가 무엇이든지 상관없이 화가 난다고 해서 다른 사람에게 소리를 지르는 것은 옳지 않은 행동입니다.

   → 다른 사람에게 소리를 지르는 것은 <u>이유 여하를 막론하고</u> 옳지 않은 행동이다.

   여야: 여당과 야당. **위인**: 뛰어나고 훌륭한 사람. **국회**: 국회 의원들이 국회 의사당에 모여서 하는 회의.

2)  영화 '사랑'은 국내에서뿐만 아니라 해외에서도 큰 인기를 얻고 있습니다. 국내 개봉과 동시에 관객 수가 50만 명을 넘었으며 전 세계적으로는 관객 수가 650만 명을 넘어섰습니다.

➡ 영화 '사랑'은 _____ 많은 사람들에게 사랑을 받고 있다.

3)  사춘기*가 되면 남자도 여자도 모두 갑작스러운 호르몬의 변화로 인해 감정적으로 행동하기 쉽습니다.

➡ 사춘기가 되면 _____ 모두 감정적으로 행동하기 쉽다.

4)  의학 기술의 발달로 인간은 많은 질병으로부터 자유로워졌지만 암은 여전히 극복해야 하는 대상입니다. 오늘도 동양과 서양의 여러 나라에서 암 치료제 개발을 위해 노력하고 있습니다.

➡ 암 치료제를 개발하기 위해 _____ 세계 여러 나라에서 노력하고 있다.

5)  국내 1위 IT 기업에서 해킹으로 개인 정보가 유출되는* 사건이 일어났습니다. 경찰은 이 사건과 관련된 사람이라면 지위가 높든 낮든 관계없이 모두 조사할 예정이라고 발표했습니다.

➡ 경찰은 사건 해결을 위해 _____ 이 사건과 관련된 사람을 모두 조사할 예정이라고 발표했다.

3. 위 문법을 사용하여 다음 주제에 대해 이야기해 보세요.

인기 있는 가수   즐겨 하는 운동   좋아하는 음식   선호하는 직업   ?

 요즘 인기 있는 가수는 누구예요?

국내외를 막론하고 요즘 그룹 제트가 인기를 끌고 있어요.

 사춘기: 육체적·정신적으로 성인이 되어 가는 시기.　**유출되다**: 밖으로 흘러 나가다.

문법과 표현 ❷ 동형 -으면 몰라도, 명이면 몰라도

1. 관계있는 것끼리 연결하고 대화를 완성해 보세요.

1) 일곱 시까지 올 수 있다 • — • 그 이후에 오면 입장이 어렵다

2) 지금 회사의 월급이 적다 • • 너한테 오해를 받으니까 더 기분 나쁘다

3) 다른 사람이 날 못 믿다 • • 1년 만에 한국 사람처럼 이야기하다

4) 한국에서 오래 살다 • • 단어 시험 때문에 밤을 새울 필요는 없다

5) 중간시험이다 • • 거리 때문에 이직하는 건 좋은 생각이 아니다

1) 가: 민수 씨 많이 늦어요?   일곱 시까지 올 수 있으면 몰라도 그 이후에 오면 입장이 어렵대요 .
   나: 미안해요. 일곱 시 전까지 빨리 갈게요.

2) 가: 집에서 회사까지 거리가 멀어서 힘들 텐데 가까운 회사로 옮기는 건 고민해 봤어?
   나: 생각해 봤는데 그냥 다니려고. _____ .

3) 가: 어제 공부하느라 집에 늦게 들어갔다는 말 거짓말이지?
   나: 나 못 믿어? _____ .

4) 가: 와! 켈리 씨 말하는 거 들었어요? 말이 너무 정확하고 유창해서 저는 처음에 한국 사람인 줄 알았어요.
   나: 그러니까요. _____ 정말 대단하네요.

5) 가: 내일 단어 시험 있는 날인데 밤새워 공부할 거야?
   나: 아니. _____ .

2. 알맞은 말을 골라 대화를 완성해 보세요.

   꾸준히 연습하다   누가 도와주다   당일 여행이다   여윳돈*이 있다   집이 가깝다

   1) 가: 이거 혼자 다 할 수 있을까?
      나: 누가 도와주면 몰라도 혼자 다 하기는 힘들 것 같아.

   2) 가: 부산으로 며칠 여행 갔다 올까?
      나: 할 일이 많아서 _____.

   3) 가: 우리 자동차 새로 살까?
      나: _____.

   4) 가: 막차가 끊겼는데 어떡하지? 운동한다고 생각하고 그냥 걸어갈까?
      나: _____.

   5) 가: 이번 마라톤 대회에서 끝까지 뛸 수 있을까?
      나: _____.

3. 위 문법을 사용하여 이야기해 보세요.

   • 중간시험에서 100점을 받을 수 있을까요?
   • 물속에서 3분 동안 숨을 참을 수 있어요?
   • 앞으로 서울에서 살고 싶은데 집을 살 수 있을까요?

   중간시험에서 100점을 받을 수 있을까요?

   책을 통째로 외우면 몰라도 100점 받는 건 좀 어려울 것 같은데요.

    여윳돈: 넉넉하여 남는 돈.

어휘 Vocabulary

1. 빈칸에 알맞은 말을 넣어 보세요.

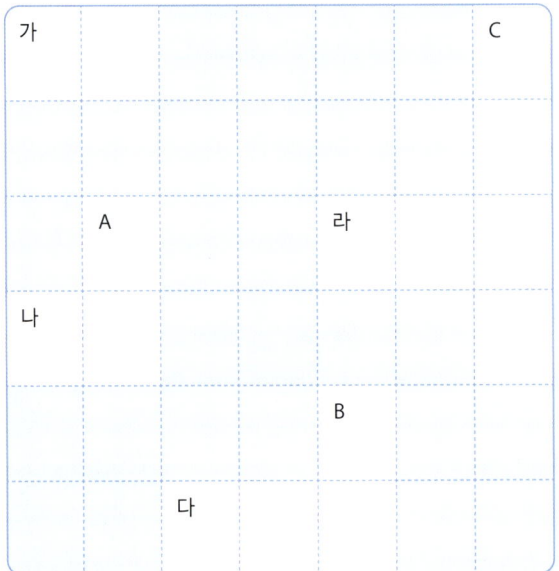

	가로 열쇠(➡)		세로 열쇠(⬇)
가	**무엇을 보고 파악하는 각도나 입장.** 이 소설은 어린아이의 ○○으로 바라본 세상을 그리고 있다.	A	**사람들이 일반적으로 알고 있거나 알아야 하는 지식.** 어제 일어난 사고는 ○○적으로 이해하기 힘든 일이다.
나	**어떤 대상을 판단하여 앎.** 암 치료율이 높아지면서 암은 불치병*이 아니라는 ○○이 사람들 사이에 퍼지고 있다.	B	**공정하지* 못하고 한쪽으로 기울어진 생각.** 그 사람을 만나고 말이 없는 사람은 모두 내성적일 것이라는 ○○이 사라졌다.
다	**어떤 대상에 대해 제대로 알기 전에 미리 가지고 있는 생각.** 아무런 ○○○ 없이 그림을 감상하기 위해 작품에 대한 정보를 읽지 않았다.	C	**오랫동안 굳어져 잘 변하지 않는 생각.** 신혼여행은 제주도나 해외 휴양지 같은 곳으로 가야 한다는 ○○ ○○이 있다.
라	**대상의 가치에 대해 생각하는 태도.** 전통 사회에서는 공동체를 중시하는 ○○○을 갖고 있었다.		

불치병: 고치지 못하는 병. **공정하다**: 공평하고 올바르다.

2. 관계있는 것끼리 연결하고 문장을 완성해 보세요.

상식으로	하다	사물에 대한 생각이나 태도를 변화시키다
의식적으로	통하다	오랜 시간 동안 굳어진 일반적인 생각을 깨고 열린 생각을 하다
제도를	벗어나다	사람들 사이에서 일반적으로 알아야 하는 지식으로 인정되다
관점을	노력하다	어떤 일을 하거나 하지 않으려고 신경을 쓰다
고정 관념에서	개선하다	옳지 못한 결정을 내리다
잘못된 판단을	바꾸다	사회의 제도를 더 좋게 바꾸다

1) 사람들 사이에서 __상식으로 통하는__ 것들이 있다. '한국의 수도는 서울이다', '한글을 만든 사람은 세종 대왕이다'가 그런 예가 될 수 있다.

2) 나는 불안하거나 긴장하면 다리를 떠는 버릇이 있어서 이번에 면접을 볼 때 다리를 떨지 않으려고 _____.

3) 대학 입학을 위한 수능 시험은 1년에 한 번 시행된다. 단 한 번의 시험으로는 수험생의 능력을 정확하게 평가할 수 없기 때문에 올바른 평가를 할 수 있도록 시험 _____ 한다.

4) 컵에 물이 반 정도 있을 때 물이 반밖에 안 남았다고 생각할 수도 있지만 _____ 물이 반이나 남아 있다고 긍정적으로 생각할 수도 있다.

5) 오랜 시간 굳어져 일반화된 생각에 사로잡히면 다양한 시각으로 사물이나 현상을 바라보기가 힘들다. 사회에서 당연하게 받아들여지는 것에 대해 질문을 던져 보는 등 _____ 노력해야 한다.

6) 의사는 그 환자의 상태가 심각하지 않다고 생각해서 CT 검사를 하지 않았다. 그러나 환자의 상태가 급격히 나빠진 후, 당시 _____ 것을 인정했다.

문법과 표현 3 동-기 십상이다

1. 관계있는 것끼리 연결하고 문장을 완성해 보세요.

   1) 급히 서두르다 •   • 충동구매*를 하다
   2) 안 좋은 자세로 오래 앉아 있다 •   • 실망하다
   3) 기대를 너무 많이 하다 •   • 나중에 후회하다
   4) 해야 할 일을 제대로 하지 않다 •   • 목과 허리에 문제가 생기다
   5) 쇼핑 방송을 보다 •   • 실수하다

   1) 시간이 없다는 이유로 급히 서두르다가는 실수하기 십상이다 .
   2) 의자에 _____.
   3) 어떤 일을 하기 전에 _____.
   4) 귀찮아서 _____.
   5) 심심할 때마다 _____.

2. 다음과 같이 대화를 완성해 보세요.

   1) 가: 장을 보러 마트에 가기 전에 왜 항상 메모를 해요?
      나: 뭘 사야 할지 적어 두지 않으면 잊어버리기 십상이니까 메모를 꼭 해야 돼요 .

   2) 가: 요즘 길에서 휴대폰을 보면서 걸어 다니는 사람들이 많던데 위험해 보이더라.
      나: 맞아. 특히 길을 건널 때 휴대폰을 보다가는 _____.

   충동구매: 물건이나 광고를 보다가 갑자기 사고 싶어져 물건을 사는 행동.

3) 가: 오늘 날씨가 아주 쌀쌀해. 그렇게 얇게 입고 나갔다가는 _____.
   나: 밖에 날씨 쌀쌀해? 그럼 따뜻한 옷으로 갈아입고 갈게.

4) 가: 아무리 배가 고파도 급하게 먹으면 _____.
   나: 네. 천천히 먹을게요.

5) 가: 저는 제 일이 적성에 잘 맞는 것 같아요. 일이 너무 좋아서 주말에도 회사에 가요.
   나: 일을 좋아한다니 다행이지만 그렇게 밤낮으로 일만 하다가는 _____.

3. 다음과 같은 행동을 많이 하면 어떤 일이 생기는지 위 문법을 사용하여 이야기해 보세요.

엎드려서 책을 읽으면 시력이 나빠지기 십상이죠.

엎드려서 책을 읽다가는 자세에도 문제가 생기기 십상이에요.

4-2. 고정 관념과 가치관

문법과 표현 4 동-을 겸

1. 관계있는 것끼리 연결하고 문장을 완성해 보세요.

   1) 운동도 하다, 교통비도 아끼다 — 가까운 곳은 걸어 다니다
   2) 환경도 보호하다, 할인도 받다 — 텀블러를 가지고 다니다
   3) 취미 생활도 하다, 체력도 기르다 — 운동을 배워 보려고 하다
   4) 스트레스도 풀다, 기분 전환도 하다 — 신나는 음악을 듣곤 하다
   5) 가족과 시간도 보내다, 친구도 만나다 — 고향에 다녀오려고 하다

   1) 아침저녁으로 날씨가 선선해서 <u>운동도 할 겸 교통비도 아낄 겸 가까운 곳은 걸어 다닌다</u>.

   2) 조금 번거롭긴 하지만 _____.

   3) 퇴근 후에 _____.

   4) 힘든 일이 있을 때는 _____.

   5) 방학 동안에 _____.

2. 다음과 같이 대화를 완성해 보세요.

   1) 가: 이번 방학 때는 어디로 여행을 갈 거예요?
      나: <u>한국 역사도 배우고 맛있는 음식도 먹을 겸 해서 경주에 다녀오려고 해요</u>.
      (한국 역사를 배우다, 맛있는 음식을 먹다)

2) 가: 집 앞 공원에 자주 가요?

　　나: 네. _____.
　　　　　　　　　(바람을 쐬다*, _____)

3) 가: 어제 룸메이트랑 경복궁에 다녀왔다면서?

　　나: 응. _____.
　　　　　　　　　(구경을 하다, _____)

4) 가: _____ 홍대에 가는 거 어때?
　　　　　　　(쇼핑을 하다, _____)

　　나: 그래. 재미있겠다.

5) 가: _____ 공연 보러 갈래?
　　　　　　　(신나는 음악을 듣다, _____)

　　나: 그래. 같이 가자.

3. 위 문법을 사용하여 이야기해 보세요.

　　아르바이트 경험　　　　　주말에 간 곳

　　한국에 온 이유　　　　　방학 계획　　　　　?

아르바이트를 해 봤어요?

네. 돈도 벌고 경력도 쌓을 겸 한국 회사에서 아르바이트를 했어요.

저도 생활비도 벌 겸 한국어도 연습할 겸 해서 카페 아르바이트를 한 적이 있어요.

쐬다: 얼굴이나 몸에 바람, 햇빛 등을 직접 받다.

복습 2

어휘 Vocabulary

▶ 정리하기

✏️ 다음에서 알고 있는 어휘에 ✔ 해 보세요.

3-1과

속담	☐	콜록콜록	☐	머리가 굵다	☐
관용어	☐	허둥지둥	☐	발톱을 드러내다	☐
의성어	☐	귀가 얇다	☐	빈 수레가 요란하다	☐
의태어	☐	눈이 높다	☐	소 잃고 외양간 고친다	☐
반짝반짝	☐	발이 넓다	☐	낫 놓고 기역 자도 모른다	☐
소곤소곤	☐	손이 크다	☐	사공이 많으면 배가 산으로 간다	☐

3-2과

초급/중급/고급	☐	방식을 선호하다	☐	강의 내용을 필기하다	☐
의식적/무의식적	☐	요점을 정리하다	☐	문장을 통째로 외우다	☐
모국어/모국어 화자	☐	혼자 중얼거리다	☐	시각 자료를 이용하다	☐
밑줄을 긋다	☐	반복해서 암기하다	☐	짝 활동/그룹 활동을 하다	☐
단계에 도달하다	☐	외국어에 능통하다	☐	격식적/비격식적 표현을 익히다	☐
단어장을 만들다	☐	유창하게 구사하다	☐	정확한 문법/다양한 어휘를 사용하다	☐

4-1과

가족적	☐	공동체주의	☐	인상을 받다	☐
감정적	☐	세대 차이	☐	성향이 강하다	☐
권위적	☐	상냥하다	☐	관계를 중시하다	☐
보수적	☐	무뚝뚝하다	☐	첫인상이 바뀌다	☐
열정적	☐	무표정하다	☐	행동이 민첩하다	☐
개인주의	☐	정이 많다	☐	일 처리가 신속하다	☐

4-2과

상식	☐	관점을 바꾸다	☐	따가운 시선을 받다	☐
시각	☐	인식이 바뀌다	☐	잘못된 판단을 하다	☐
편견	☐	상식으로 통하다	☐	의식적으로 노력하다	☐
가치관	☐	제도를 개선하다	☐	고정 관념에 사로잡히다	☐
선입견	☐	고정 관념을 갖다	☐	고정 관념에서 벗어나다	☐
고정 관념	☐	고정 관념이 깨지다	☐	좁은 시각으로 바라보다	☐

평가하기

[1~5] 다음 ( )에 들어갈 가장 알맞은 것을 고르세요.

1. 화가 난 상태에서는 올바른 ( )을 내리기 힘들기 때문에 시간을 두고 화를 가라앉힌 후에 결정하는 것이 바람직하다.

   ① 시각　　　② 인식　　　③ 판단　　　④ 방식

2. 한번 생긴 습관은 고치기 어렵기 때문에 바꾸겠다는 의지를 가지고 ( )으로 노력해야 한다.

   ① 가족적　　② 권위적　　③ 감정적　　④ 의식적

3. 자정*이 넘은 시간에 기숙사에서 악기를 연주하는 것은 일반적인 생각으로는 이해할 수 없는 ( ) 밖의 행동이라고 할 수 있다.

   ① 제도　　　② 편견　　　③ 상식　　　④ 관념

4. 가: 나는 매번 수업 시간에 다 이해했다고 생각하는데 다시 보면 기억이 잘 안 나.
   나: 어떻게 수업 내용을 한 번 듣고 다 기억할 수 있겠니? 수업 후에 스스로 요점을 ( ) 복습해야 기억에 남는 거야.

   ① 드러내며　② 구사하며　③ 도달하며　④ 정리하며

5. 가: 전통 사회와 비교할 때 요즘 사회 분위기는 어떤 것 같아요?
   나: 예전과 달리 개개인의 개성을 ( ) 것 같아요.

   ① 중시하는　② 바라보는　③ 추측하는　④ 벗어나는

자정: 밤 열두 시.

[6~10] 다음 밑줄 친 부분과 의미가 비슷한 것을 고르세요.

6. 이번 정부의 정책 실패를 보며 국민들은 현재의 정책이 <u>더 좋게 바뀌어야</u> 한다고 목소리를 높였다.

   ① 존재해야
   ② 이용돼야
   ③ 노력해야
   ④ 개선돼야

7. 책을 읽을 때 인상적인 문장이나 기억하고 싶은 문장을 보면 <u>아래에 선으로 표시해</u> 둔다.

   ① 밑줄을 그어
   ② 글을 암기해
   ③ 자료를 이용해
   ④ 단어장을 만들어

8. 국제회의에서 동시통역사*로 일을 하려면 외국어를 듣는 순간 바로 이해해서 통역할 수 있을 정도로 <u>다른 나라 언어를 잘해야</u> 한다.

   ① 외국어에 능통해야
   ② 외국어에 도달해야
   ③ 외국어를 드러내야
   ④ 외국어를 선호해야

9. 그 사람은 일본어를 배운 지 6개월밖에 되지 않았는데도 일본어를 <u>사용해 막힘없이 이야기</u>한다.

   ① 혼자 중얼거린다
   ② 유창하게 구사한다
   ③ 정확한 문법을 사용한다
   ④ 다양한 어휘를 사용한다

10. 우리 오빠는 내성적이기 때문에 친해지기 전에는 <u>말이나 행동이 부드럽지 않아서</u> 차가운 사람 같다는 인상을 준다.

    ① 상냥해서
    ② 무뚝뚝해서
    ③ 정이 많아서
    ④ 보수적이라서

> **동시통역사**: 외국어로 말하는 것을 동시에 모국어나 다른 나라말로 바꾸어 말하는 사람.

[11~13] 다음 (   )에 공통적으로 들어갈 단어를 고르세요.

11.
- 호르몬의 균형이 (   ) 피로, 우울, 불면 등의 증상이 나타난다.
- 사회가 발전하기 위해서는 사람들이 가지고 있는 고정 관념이 (   ) 한다.
- 갑자기 내린 비로 인해 공연이 취소되어 좋아하는 가수를 만날 수 있다는 희망이 (   ).

① 깨지다　　　② 바뀌다　　　③ 민첩하다　　　④ 요란하다

12.
- 오랫동안 한 직장에서 근무하면서 일에 필요한 기술을 (   ).
- 새로 이사한 지 얼마 되지 않아 빨리 적응하기 위해 동네 길을 (   ) 중이다.
- 여름철에는 음식이 쉽게 상하기 때문에 음식을 완전히 (   ) 먹는 것이 좋다.

① 견디다　　　② 익히다　　　③ 반복하다　　　④ 암기하다

13.
- 그와 나는 마음이 잘 (   ) 친구이다.
- 지금까지 국제 경기는 텔레비전 방송을 (   ) 중계되어* 왔다.
- 지나친 카페인 섭취가 수면을 방해한다는 것은 상식으로 (   ).

① 통하다　　　② 외우다　　　③ 주목하다　　　④ 사로잡다

[14~15] 밑줄 친 부분이 어색한 것을 고르세요.

14.
① 아이들이 머리가 굵어지면 자기주장이 생긴다.
② 나는 손이 커서 음식을 만들 때 많은 양을 만들기가 어렵다.
③ 내 친구는 눈이 높아서 원하는 배우자에 대한 조건이 까다롭다.
④ 귀가 얇은 사람은 다른 사람의 이야기를 듣고 쉽게 생각이 바뀐다.

15.
① 감기에 걸린 아이가 하루 종일 콜록콜록하며 기침을 하고 있다.
② 공원에서는 다른 사람을 배려하지 않고 소곤소곤 이야기해도 된다.
③ 여행 갈 때 미리 준비해 놓지 않으면 출발하기 전에 허둥지둥하게 된다.
④ 선생님이 재미있는 이야기를 시작하자 학생들의 눈이 반짝반짝 빛났다.

중계되다: 실제 상황이 방송국에 연결되어 방송되다.

문법과 표현
Grammar & Expression

▶ 정리하기

✏️ 다음에서 알고 있는 문법과 표현에 ✔ 해 보세요.

3-1과

동-는 데(에) 반해(서), 형-은 데(에) 반해(서), 명인 데(에) 반해(서)	☐ 그 사람은 **내향적인 데 반해서** 그의 아들은 외향적이다.
동-는 데(에) 비해(서), 형-은 데(에) 비해(서), 명인 데(에) 비해(서)	☐ 우리나라는 인구가 적고 자원이 **부족한 데 비해서** 경제 성장이 빠른 편이다.

3-2과

명(에) 못지않게	☐ 동생도 **언니에 못지않게** 기타 연주를 잘하네.
동-고서	☐ 할머니께서 편찮으시다는 소식을 **듣고서** 급히 고향으로 돌아갔어요.

4-1과

명을 막론하고	☐ **국내외를 막론하고** 사랑은 여러 예술 작품의 주제가 되어 왔다.
동형-으면 몰라도, 명이면 몰라도	☐ 건강에 이상이 **있으면 몰라도** 1년씩이나 휴직하는 건 어렵지요.

4-2과

동-기 십상이다	☐ 남들이 한다고 무조건 따라 하면 나중에 **후회하기 십상이에요**.
동-을 겸	☐ **이야기도 나눌 겸 친분도 쌓을 겸** 자리를 마련했습니다.

▶ 평가하기

[1~2] 다음 ( )에 들어갈 가장 알맞은 것을 고르세요.

1.   할 일을 바로 하지 않고 계속 미루다가는 정해진 시간에 마무리하지 못해 (   ).

    ① 후회하는 셈이다   ② 후회할 리가 없다   ③ 후회하기는 틀렸다   ④ 후회하기 십상이다

2. 요리 수업도 듣고 집에서도 자주 음식을 만들어 먹다 보니까 (　　　　　) 음식을 잘 만들 수 있게 되었다.

① 요리사만 못하게
② 요리사에 못지않게
③ 요리사가 아니라
④ 요리사와 비교하면

[3~4] 다음 밑줄 친 부분과 의미가 비슷한 것을 고르세요.

3. 몇 년째 물가는 <u>오르는 데 반해</u> 소득은 줄어들어 생활하기가 힘들다.

① 오를뿐더러
② 오름에 따라
③ 오르기 때문에
④ 오르는 반면에

4. 결혼하고 아이를 <u>낳고서</u> 부모님의 마음을 이해할 수 있게 되었다.

① 낳고도
② 낳다가는
③ 낳은 뒤에
④ 낳는 데에

[5~7] 알맞은 표현을 골라서 대화를 완성하세요.

-을 겸   -기 십상이다   을 막론하고   -으면 몰라도

5. 가: 시험도 끝났는데 오늘 뭐 하세요?
   나: 그동안 쌓였던 ＿＿＿＿＿＿＿＿＿ 쇼핑도 하고 노래방도 갈까 하는데 같이 갈래요?

6. 가: 미진 씨, 이 책 읽어 봤어요? 한국의 중요한 역사적 사건에 대해 쓴 책인데 현재의 우리나라를 이해하는 데 큰 도움이 되는 것 같아요.
   나: 네. 내용이 정말 좋더라고요. 한국인이라면 ＿＿＿＿＿＿＿＿＿ 읽어야 하는 책이라고 생각해요.

7. 가: 이번 주말 제주도행 비행기표를 예매할 수 있을까?
   나: 취소하는 사람이 ＿＿＿＿＿＿＿＿＿ 지금은 휴가철*이라서 예매하기 어려울 거 같은데.

휴가철: 많은 사람이 휴가를 즐기는 기간.

듣기 Listening

[1] 다음 대화를 듣고 질문에 답하세요.

1. 여자의 말을 듣고 남자가 할 행동으로 알맞은 것을 고르세요.
   ① 8주 동안 외국어 수업을 듣는다.
   ② 책상에 앉아서 오랜 시간 공부한다.
   ③ 실내 자전거를 타면서 외국어를 공부한다.
   ④ 공부 방법을 알려 주는 다큐멘터리를 시청한다.

[2~3] 다음 강연을 듣고 질문에 답하세요.

2. 남자가 이 강연을 한 목적으로 알맞은 것을 고르세요.
   ① 고정 관념을 깨기 위해
   ② 신제품을 홍보하기 위해
   ③ 광고 방법을 설명하기 위해
   ④ 시계의 기능을 알리기 위해

3. 들은 내용과 일치하는 것을 고르세요.
   ① 기업의 이미지가 나빠도 구매에 영향을 주지 않는다.
   ② 광고할 때 고정 관념을 활용하여 긍정적인 효과를 얻을 수 있다.
   ③ 제품을 많이 팔기 위해서는 홍보할 때 새로운 기능을 설명해야 한다.
   ④ 시계를 광고할 때 스위스를 떠올리게 하는 것은 제품 판매에 도움이 안 된다.

[4~5] 다음 대화를 듣고 질문에 답하세요.

4. 남자의 말하기 방식으로 알맞은 것을 고르세요.
   ① 자료를 인용하여 설득하고 있다.
   ② 적절한 예를 들어서 이해를 돕고 있다.
   ③ 조사 결과를 바탕으로 설명을 하고 있다.
   ④ 어려운 단어를 이해하기 쉽게 정의하고 있다.

5. 들은 내용과 일치하지 않는 것을 고르세요.
   ① 의성어와 의태어를 사용하면 문장이 단순해진다.
   ② 의성어와 의태어는 소리가 반복되는 경우가 많다.
   ③ 의성어나 의태어를 추가하면 실감 나게 말할 수 있다.
   ④ 의성어나 의태어는 한국 사람들이 자주 사용하는 표현이다.

읽기 Reading

[1~2] 다음 글을 읽고 질문에 답하세요.

> 고정 관념은 사람들에게 익숙해져 버린 생각이기 때문에 어떤 사물이나 현상에 대해 굳어진 고정 관념을 바꾸기란 여간 어려운 것이 아니다. 그러나 고정 관념을 깨고 새로운 시각으로 사람들에게 신선하게 다가가 (   ) 사례가 있다.
>
> 몇 년 전 한 회사에서 '하얀색 바나나 우유'를 선보였는데 이것은 바나나 우유는 노란색이라는 당시의 고정 관념을 깨는 일이었다. 바나나 우유는 당연히 노란색이라는 생각에 의문을 품고 실제 우리가 먹는 바나나의 색은 하얀색이라는 것에 아이디어를 얻어 하얀 바나나 우유를 개발한 것이다. 이 회사는 이러한 발상의 전환*으로 사람들의 관심을 끌었을뿐더러 색소*가 들어가지 않은 건강한 우유라는 것까지 강조하며 판매율을 높이는 데 성공했다.
>
> 또 다른 사례도 있다. 1991년 사과를 주로 재배하는 일본의 한 마을에서 태풍 때문에 사과의 90%가 떨어져 못 쓰게 되었다. 모두 사과 농사를 망쳤다고 생각했던 그때, 누군가 나무에 남아 있던 10%의 사과에 '합격 사과'라는 이름을 붙여 팔았다. 이 사과는 일반 사과보다 훨씬 비싼 가격이었는데도 대학교 입학시험을 앞둔 수험생들에게 엄청나게 팔렸다. 농사가 망했다고 실망하지 않고 생각을 바꿔, 떨어진 사과가 아닌 나무에 달려 있던 사과에 주목했기 때문에 이루어 낼 수 있었던 결과였다.
>
> 위의 두 사례처럼 고정 관념에서 벗어나 넓은 시각으로 세상을 바라보면 새로운 것을 만들거나 어려운 상황을 해결할 수 있다. 이미 굳어진 생각에서 벗어나는 것은 쉽지 않은 일이지만 현재보다 더 발전하려면 고정 관념을 깨고 새롭게 생각하려는 노력이 필요하다.

1. 이 글의 제목으로 알맞은 것을 고르세요.
① 고정 관념을 바꾸는 제도
② 고정 관념을 깨고 성공한 사례
③ 고정 관념에 대한 다양한 입장
④ 고정 관념에 사로잡힌 사고방식

2. (   )에 들어갈 내용으로 알맞은 것을 고르세요.
① 제도가 개선된
② 상식으로 통한
③ 편견에 사로잡힌
④ 좋은 반응을 얻은

 발상의 전환: 기존의 사고방식에서 벗어나 새롭게 생각함.   **색소**: 색깔이 나타나도록 해 주는 성분.

[3~5] 다음 글을 읽고 질문에 답하세요.

> 외국어를 모국어 화자처럼 유창하게 구사하기 위해서는 무엇보다 어휘력이 중요하다. (㉠) 많은 사람들이 외국어 어휘를 암기하는 데 큰 어려움을 느끼는데, 사람의 기억이 작동하는* 원리를 알면 어휘도 더 효과적으로 암기할 수 있다.
>
> 심리학 이론에 따르면 우리의 뇌는 배운 내용을 10분 뒤부터 잊어버리기 시작한다고 한다. (㉡) 그래서 하루만 지나도 내용의 70%를 잊어버리게 되고 한 달이 지나면 80%를 기억하지 못한다. 따라서 어휘를 외울 때 한 번에 완벽하게 외우려고 하기보다는 잊어버릴 때쯤 다시 어휘를 보며 반복적으로 외우는 것이 더 효과적이다. 이렇게 해야 어휘를 장기 기억에 저장해서 잊어버리지 않을 수 있다. (㉢) 반복적으로 암기하기 위해서는 남는 시간을 이용하는 것이 좋다. 잘 외워지지 않는 어휘나 모르는 어휘는 따로 단어장에 적어 놓으면 남는 시간을 활용해서 어휘를 암기하는 데 큰 도움이 된다. (㉣) 많은 사람들이 단기간*에 많은 어휘를 암기하려고 하거나 평가 전 벼락치기* 방식으로 어휘를 암기하곤 한다. 그러나 평가를 받기 전에 급하게 암기하면 단기적으로는 효과를 볼 수 있지만 장기적으로는 좋은 결과를 얻기 어렵다.
>
> 언어를 배우는 것은 습관을 만드는 것과 비슷하다. 반복 학습 하는 습관을 들인다면 어떤 어휘든 오랫동안 기억할 수 있게 될 것이다. 외국어를 공부할 때 어휘 암기 때문에 어려움을 겪고 있다면 어휘를 반복적으로 볼 수 있게 단어장부터 만들어 보자.

3. 이 글을 쓴 목적으로 알맞은 것을 고르세요.
   ① 효과적인 외국어 학습법을 소개하기 위해
   ② 사람들의 외국어 학습법을 알아보기 위해
   ③ 외국어 학습법의 문제점을 지적하기 위해
   ④ 외국어 학습법에 대한 책을 홍보하기 위해

4. 이 글에서 보기 의 글이 들어가기에 가장 알맞은 곳을 고르세요.

   > 보기 틈틈이 반복적으로 단어장을 보면 외우기 어렵던 어휘도 오랫동안 기억하게 되기 때문이다.

   ① ㉠   ② ㉡   ③ ㉢   ④ ㉣

5. 이 글의 내용과 일치하는 것을 고르세요.
   ① 단기간에 어휘를 암기하는 방법으로 단어장 활용을 들고 있다.
   ② 한 번에 많은 것을 학습하는 것보다 반복 학습이 더 도움이 된다.
   ③ 남는 시간에 공부하는 것보다 시간을 정해서 공부하는 게 더 좋다.
   ④ 벼락치기식 공부 방법은 어휘를 장기 기억에 저장하는 데 효과적이다.

 작동하다: 기계 등이 움직이다.   **단기간**: 짧은 기간.   **벼락치기**: 미리 준비하지 않고 일을 서둘러서 하는 것.

쓰기 Writing

✎ **다음 주제로 글을 쓰세요. (500자 이상)**

고정 관념을 깨고 좋은 결과를 얻은 사례를 알고 있습니까? 어떻게 해서 좋은 결과를 얻을 수 있었는지 써 보세요.

아래 어휘 중에서 세 가지 이상을 사용하세요.

발상의 전환, 고정 관념을 갖다, 고정 관념에서 벗어나다, 관점을 바꾸다, 인식이 바뀌다, 의식적으로 노력하다, 제도를 개선하다

말하기 과제
Speaking Task

✎ '고정 관념 깨기' 퀴즈 대회를 열어 봅시다.

준비하기 조별로 모여 고정 관념을 깨야 맞힐 수 있는 퀴즈를 검색해 보세요.

예시	펜을 종이에서 떼지 않은 채, 직선 4개를 사용해서 점 9개를 연결해 보세요. 이때 모든 점은 한 번씩만 지나야 합니다.
우리 조에서 검색한 퀴즈	

복습 2

활동하기 조별로 돌아가며 검색한 퀴즈를 내고 다른 조가 낸 퀴즈의 답을 화이트보드에 써 보세요.

발표하기 정답을 알아낸 과정을 말해 보세요.

저희 조는 이렇게 그렸습니다. 처음에는 직선이 네모 박스를 벗어나도 된다는 생각을 못 하고 네모 박스 안에서만 직선을 그리려고 했어요. 그런데 생각을 바꿔 네모 박스 밖까지 선을 그렸더니 모든 점을 연결할 수 있었어요.

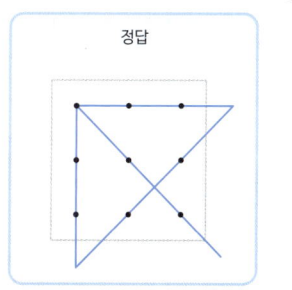

평가하기 퀴즈를 가장 많이 맞힌 조를 뽑아 보세요.

5 기후와 지형

5-1 기후 변화

5-2 독특한 지형의 여행지

5-1	어휘	기상과 기후, 기후 변화와 그 영향
	문법과 표현	동-다시피
		동-는 한, 형-은 한
5-2	어휘	지형 및 풍경, 인상 및 느낌
	문법과 표현	동-는가 하면, 형-은가 하면
		동형-을 따름이다, 명일 따름이다

어휘 Vocabulary

1. 밑줄 친 부분과 의미가 같은 말을 골라 알맞게 써 보세요.

> 강수 확률　　　(고온 다습)　　　초미세 먼지　　　체감 온도

1) 한국의 여름은 <u>기온이 높고 아주 습하며</u> 특히 장마 뒤에 더위가 심해지는 것이 특징이다.
   ➡ 고온 다습하며

2) 이 마스크는 공기 중에 있는 미세 먼지를 걸러 내어 호흡기를 보호하는 데 효과적이지만 <u>그보다 더 작은 크기의 먼지</u>는 차단할* 수 없다. ➡

3) 일기 예보에 따르면 이번 주 남부 지방에는 비가 내리겠지만 중부 지방은 <u>비가 올 가능성이</u> 낮다고 한다. ➡

4) 실제 기온은 평소와 비슷하거나 같다고 하더라도 바람, 습도, 햇빛에 따라 <u>사람이 몸으로 느끼는 온도는</u> 다를 수 있다. ➡

2. 관계있는 것끼리 연결하고 문장을 완성해 보세요.

동식물이	파괴되다	전 세계의 모든 사람들을 두렵게 하다
서식지가	멸종되다	동물이나 식물의 종류가 없어지다
해수면이	침수되다	사람이 생명을 잃거나 다치는 일이 생기다
해안 도시가	발생하다	생물*들이 사는 곳이 망가지다
인명 피해가	위협하다	바닷물의 수위*가 높아지다
인류를	상승하다	바닷가에 있는 도시가 물에 잠기다

> **차단하다**: 통하지 못하게 하다.　　**생물**: 생명이 있는 동물과 식물.　　**수위**: 물의 높이.

1) 환경 오염으로 인해 동식물이 멸종되어 이제 지구에서 더 이상 찾아 볼 수 없는 동물과 식물이 많아지고 있다.

2) 인류에 의한 환경 파괴가 심각해지면서 생물들이 살아가는 _____ 생물의 종류도 감소하게 되었다.

3) 지구 온난화로 인해 북극의 빙하가 녹으면서 빠른 속도로 _____ 있다.

4) 지구의 평균 기온이 지속해서 상승하면 인천, 부산 등의 _____ 위험성이 크다.

5) 이번 산불로 주택 315채, 공장과 창고 154곳 등이 피해를 입었으나 다행히 _____ 않았다.

6) 사람들이 편리하게 쓰는 플라스틱은 바다로 흘러가 해양* 생물을 위험에 빠뜨릴 뿐만 아니라 나아가 그 해양 생물을 섭취하는 _____ 있다.

3. 알맞은 말을 골라 글을 완성해 보세요.

| 가뭄   자연재해   한파   홍수   (기후 변화)   이상 기후   초강력 태풍 |

지구 온난화로 인한 1) 기후 변화 가 심각하다. 무더운 여름철, 밤이 되어도 더위가 지속되는 열대야, 겨울에는 견디기 힘들 정도로 기온이 갑자기 뚝 떨어지는 2) _____ 등 3) _____ 현상이 자주 발생하고 있다. 이뿐만 아니라 오랫동안 비가 오지 않아서 땅이 마르는 4) _____, 많은 비로 물이 불거나 넘치는 5) _____, 매우 강한 비바람을 몰고 오는 6) _____ (으)로 발생하는 7) _____ 도 심각하다. 사람들이 현재 상황에 관심을 갖고 개선하려 노력하지 않는다면 1) 기후 변화 는 우리 삶에 더욱 큰 손실*과 재난을 가져올 것이다.

해양: 넓고 큰 바다.   **손실**: 줄거나 잃어버려서 손해를 봄.

문법과 표현 1 동-다시피

1. 알맞은 말을 골라 대화를 완성해 보세요.

   | 말하다 | 보다 | 알다 | 지적하다 | 짐작하다 |

   1) 가: 아이를 낳지 않으려는 사람들이 많아지면서 출산율이 급격히 떨어지고 있습니다.
      나: 방금 <u>말씀하셨다시피</u> 아이를 낳지 않으려는 사람들이 늘고 있는데 그 원인이 뭐라고 생각하십니까?

   2) 가: 마술 쇼에 오신 걸 환영합니다. 지금 제 앞에 상자가 있는데요. 여러분이 _____ 빈 상자입니다. 맨 앞줄에 앉으신 분, 확인 좀 해 주시겠어요?
      나: 네. 상자 안에는 아무것도 들어 있지 않습니다.

   3) 가: 노트북 새로 샀네. 돈 없다더니 언제 샀어?
      나: 너도 _____ 내가 돈이 어디 있어? 부모님께서 생일 선물로 사 주셨어.

   4) 가: 소날 씨, 요즘 크리스 씨와 이야기를 안 하는 것 같던데 혹시 두 사람 싸웠어요?
      나: 네. _____ 며칠 전에 크게 싸웠어요. 그 이후로 서로 말도 안 해요.

   5) 가: 많은 전문가들이 _____ 배달 음식을 이용하는 사람들이 증가하면서 일회용품 사용도 급증하고 있습니다. 일회용품 사용을 줄이도록 하는 정책이 필요하다고 생각합니다.
      나: 저도 같은 의견입니다.

2. 그림을 보고 문장을 완성해 보세요.

   1)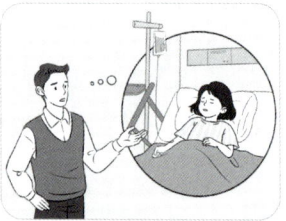
      여러분, 아이들의 이야기를 <u>들으셨다시피</u> 지금 이 아이들에게는 여러분의 따뜻한 손길*이 필요합니다. 우리의 작지만 따뜻한 손길을 모아 큰 기적*을 만들어 봅시다.

   2)
      이것으로 오늘 방송을 마치겠습니다. 내일 이 시간에는 미리 _____ '죽기 전에 꼭 가야 할 여행지 10'에 대해 소개해 드리겠습니다. 오늘도 시청해 주셔서 감사합니다.

    손길: 도와주거나 해치는 일.   **기적**: 상식으로 생각할 수 없는 신기한 일.

3)
저는 지금 교통사고 현장에 나와 있는데요. 차들이 사고로 뒤엉켜* 있습니다. 사고의 원인에 대해서는 현재 경찰이 조사 중입니다.

4)
안녕하세요? 이번 전시회 해설을 맡은 안민호입니다. 여러분도 _____ 김 작가님은 평소 자연을 주제로 한 그림을 많이 그리시지요. 이번 전시에서도 자연의 모습에서 나타나는 아름다움을 표현하고자 노력하셨다고 합니다.

5)
지금까지 청소년의 스마트폰 사용 시간을 살펴봤는데요. 이미 _____ 청소년의 경우 하루에 평균 다섯 시간 이상을 스마트폰을 사용하며 보내고 있습니다. 이에 비해 성인의 경우, 그 옆의 그래프에서 _____ 청소년보다 스마트폰 사용 시간이 두 시간 정도 적은 것을 알 수 있습니다.

3. 위 문법을 사용하여 이야기해 보세요.

- 친구가 알고 있는 나에 대한 정보를 다시 이야기해 보세요.
- 요즘 유행하고 있는 것에 대해서 이야기해 보세요.
- 요즘 사람들 사이에서 논란이 되는 뉴스거리에 대해 이야기해 보세요.

아시다시피 저는 한국 드라마를 정말 좋아합니다.

_____ 씨도 보셨다시피 저는 매일 자전거를 타고 학교에 와요.

뒤엉키다: 마구 엉키다.

문법과 표현 2 동-는 한, 형-은 한

1. 관계있는 것끼리 연결하고 문장을 완성해 보세요.

   1) 끝까지 노력하다 • — • 내가 먼저 말을 걸지 않다
   2) 실력을 갖추지 않다 • • 나에게 불가능한 일은 없다
   3) 사과하지 않다 • • 취업하기가 어렵다
   4) 가족들이 이 세상에 존재하다 • • 그 노력이 빛을 볼 때가 있다
   5) 시간이 되다 • • 더 많은 것을 보고 즐기다

   1) 포기하지 않고 <u>끝까지 노력하는 한 그 노력이 빛을 볼 때가 있을 것이다</u>.
   2) 요즘에는 아무리 학점이 좋아도 _____.
   3) 친구가 미안하다고 _____.
   4) 언제나 힘이 되는 _____.
   5) 한국에 있는 마지막 날까지 _____.

2. 알맞은 말을 골라 대화를 완성해 보세요.

   (가능하다)   도와줄 수 있다   될 수 있다   오해를 풀지 않다   포기하지 않다

   1) 가: 거기 112지요? 지금 어떤 사람이 우리 집 문을 열려고 하는 것 같아요. <u>가능한 한 빨리 와 주세요</u>.
      나: 네. 지금 바로 출동하겠습니다*. 절대 문을 열어 주지 말고 기다려 주세요.

 출동하다: 목적을 이루기 위해 떠나다.

2) 가: 오늘은 회사에서 몇 시쯤 돌아와요? 오늘도 늦어요?
   나: 일이 있기는 하지만 오늘은 일찍 가겠다고 약속도 했으니까 _____.

3) 가: 엄마, 저 대학원에 가고 싶은데 첫 학기 학비만 도와주실 수 있으세요?
   나: 물론이지. 내가 _____.

4) 가: 친구와 화해하고 싶은데 어떻게 하면 좋을까?
   나: 내 생각에는 너희 둘 사이에 생긴 _____.

5) 가: 강민호 선수, 부상으로 이번 올림픽에 출전하지 못한다는 소식을 들었는데요.
   나: 네. 이번에는 다쳐서 올림픽에 나가지 못하지만 _____.

3. 위 문법을 사용하여 다음 상황을 가정해 보세요.

일회용품 사용을 줄이지 않다   계속 노력하다

커피를 줄이지 않다   사랑하는 사람이 내 옆에 있다

일회용품 사용을 줄이지 않는 한 기후 변화 상황이 좋아지기는 어려울 거예요.

계속 노력하는 한 5급을 수료할 수 있을 거예요.

어휘 Vocabulary

1. 알맞은 말을 골라 써 보세요.

> 빙하   절벽   평야   (하천)   해안   화산

국어사전

1) **하천** 명 강과 시내* 등을 가리키는 말.
   며칠째 계속된 가뭄으로 인해 <u>하천</u> 의 물이 다 말라 간다.

2) _____ 명 바다와 땅이 맞닿은 부분.
   _____ 도로를 따라 바닷바람을 맞으며 운전하면 상쾌한 기분이 든다.

3) _____ 명 넓고 평평한 땅.
   강 주변에 있는 _____ 은/는 농사를 짓는 땅으로 사용된다.

4) _____ 명 땅속에 있는 가스나 용암*이 땅을 뚫고 터져 나와 만들어진 지형.
   갑자기 발생한 _____ 폭발 때문에 주변 마을 사람들이 피해를 입었다.

5) _____ 명 추운 지역에서 눈이 오랫동안 쌓여 만들어진 큰 얼음.
   지구 온난화 현상이 심해지면서 _____ 이/가 녹아 해수면이 상승하고 있다.

6) _____ 명 바위가 높이 솟아 있는 가파른 낭떠러지*.
   산 정상*으로 가는 길에는 _____ 이/가 있어서 발을 잘못 디디면 떨어질 수도 있다.

시내: 골짜기나 들에 흐르는 작은 물줄기.   **용암**: 화산에서 나온 마그마.   **낭떠러지**: 깎아지른 듯한 언덕.   **정상**: 산의 꼭대기.

2. 밑줄 친 부분과 의미가 같은 말을 골라 알맞게 써 보세요.

> 빼어나다   (신비롭다)   웅장하다   환상적이다
> 감탄이 절로 나오다   말로 표현할 수 없다   한 폭의 그림 같다

1) 세상을 살다 보면 인간의 힘으로 불가능한, 과학적으로 설명할 수 없는 놀라운 일이 있음을 깨닫는 순간이 있다. ➡ 신비로운

2) 친구가 여행지에서 보내 준 사진은 마치 누군가 그려 놓은 것 같았다. 장관을 이루고 있는 모습이 너무 아름다워서 어떤 말로 설명해야 할지 모를 정도였다.
➡
➡
➡

3) 이집트의 피라미드를 책에서 볼 때는 그 실제 크기를 잘 알 수 없었지만 직접 가 보니 매우 규모가 커서 나도 모르게 "와!" 하는 소리를 냈다.
➡
➡

4) 이번 공연에서 그녀는 다른 연주자들보다 뛰어난 솜씨로 관객들의 마음을 사로잡았다.
➡

5) 밤하늘을 수놓은* 수많은 불꽃은 음악과 어우러져 비현실적으로 느껴질 만큼 멋진 장면을 만들어 냈다.
➡

3. 알맞은 말을 골라 글을 완성해 보세요.

> 경사가 가파르다   경사가 완만하다   절경이 펼쳐지다   (지형이 형성되다)

한국의 유명한 관광지인 제주도는 유네스코 세계 자연 유산으로 등재될* 정도로 빼어난 경치를 자랑한다. 그중에서도 대표적 장소인 한라산과 제주 곳곳에 위치한 오름은 화산 활동으로 1) 지형이 형성된 곳이다. 한라산은 2) _____ 등산하기가 쉽지 않지만 정상에 오르면 눈앞에 3) _____. 정상에 올라서 산 아래를 내려다보면 아름다운 제주도의 모습을 한눈에 볼 수 있다. 한라산 정상까지 오르기가 힘들다면 4) _____ 한라산보다 오르기가 쉬운 오름에 가 보기를 추천한다.

수놓다: 여러 색의 실로 그림 등을 만드는 것처럼 아름다운 경치를 이루다.   등재되다: 이름이나 내용이 올려지다.

문법과 표현 3 | 동-는가 하면, 형-은가 하면

1. 관계있는 것끼리 연결하고 문장을 완성해 보세요.

1) 기분이 좋은 날이 있다 • • 자주 자리를 비우기도 하다

2) 대화를 나누는 사람이 있다 • • 나쁜 날도 있다

3) 날씨가 맑고 따뜻하다 • • 공부를 하는 사람도 있다

4) 언어 파괴라고 보는 사람이 있다 • • 갑자기 흐려지고 강한 비바람이 불기도 하다

5) 인터넷 쇼핑을 하다 • • 언어 창조*라는 의견도 있다

1) 항상 좋은 날만 있을 수는 없다. 기분이 좋은 날이 있는가 하면 나쁜 날도 있다 .

2) 한국 카페는 항상 사람들로 붐빈다. _____ .

3) 이곳 날씨는 변덕스럽다. _____ .

4) 신조어 사용에 대해 부정적인 의견만 있는 것은 아니다.
_____ .

5) 과장님께서는 그렇게 열심히 일하시는 것 같지 않다. 근무 시간에
_____ .

 창조: 전에 없던 것을 처음으로 만듦.

2. 다음과 같이 문장을 완성해 보세요.

1) 이상 기후로 <u>꽃이 너무 빨리 피는가 하면 봄에 눈이 오기도 한다</u>.
   (꽃이 너무 빨리 피다, 봄에 눈이 오다)

2) 직장인들은 점심시간에 _____.
   (구내식당*에서 밥을 먹다, _____)

3) 연휴에 사람들은 _____.
   (여행을 가다, _____)

4) 서울은 _____.
   (현대적이고 화려한 모습을 가지고 있다, _____)

5) 이 영화는 _____.
   (영상이 아름답다, _____)

3. 위 문법을 사용하여 다음 주제에 대해 이야기해 보세요.

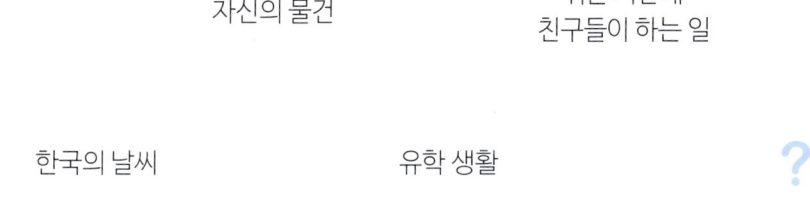

자신의 물건   쉬는 시간에 친구들이 하는 일

한국의 날씨   유학 생활   ?

올해 시계를 하나 새로 샀는데요. 이 시계는 운동량을 측정해 주는가 하면 스트레스 지수도 알려 줘요.

구내식당: 학교, 직장 안에 있는 식당.

문법과 표현 4 동형-을 따름이다, 명일 따름이다

1. 알맞은 말을 골라 문장을 완성해 보세요.

   | 남편이다 | 답답하다 | 미안하다 | 아쉽다 | (믿기지 않다) |

   1) 오랫동안 준비한 시험에 합격했다는 연락을 받으니 믿기지 않을 따름이다 .

   2) 한국에서 오랫동안 함께 지낸 친구가 고향에 돌아가 헤어져야 한다니 _____ .

   3) 길이 너무 막히는 바람에 약속에 한 시간이나 늦어서 _____ .

   4) 아무리 설명해도 이해하지 못하니 정말 _____ .

   5) 밖에서는 유명한 배우지만 집에 돌아오면 평범한 _____ .

2. 알맞은 말을 골라 대화를 완성해 보세요.

   | 감사하다 | (기쁘다) | 놀랍다 | 자랑스럽다 | 죄송하다 |

   1) 가: 지현 씨 덕분에 성공적으로 연구를 끝낼 수 있었던 것 같아요.
      나: 아닙니다. 이번 연구를 잘 마무리할 수 있어서 기쁠 따름입니다 .

   2) 가: 오늘처럼 갑자기 약속을 깨는 건 좀 곤란해요.
      나: 네. 약속을 지키지 못해 _____ .

   3) 가: 이제 다 됐나요? 앞으로도 도와드릴 일이 있으면 언제든 말씀하세요.
      나: 이번에 도와주신 것만으로도 감사한데 그렇게 말씀해 주시니 정말 _____ .

4) 가: 아들이 수능 시험에서 만점을 받아서 정말 기쁘시겠어요.

　　나: 네. 잘해 준 것도 없는데 스스로 노력해서 좋은 결과를 받아 오니 _____.

5) 가: 노벨 문학상을 받게 되셨는데요. 한 말씀 부탁드립니다.

　　나: 전혀 예상하지 못한 일이라 정말 _____.

3. 위 문법을 사용하여 다음 상황에 맞게 써 보세요.

1) 스승의 날 오랫동안 가르쳐 주신 선생님께 감사하는 마음을 전하는 카드를 쓸 때

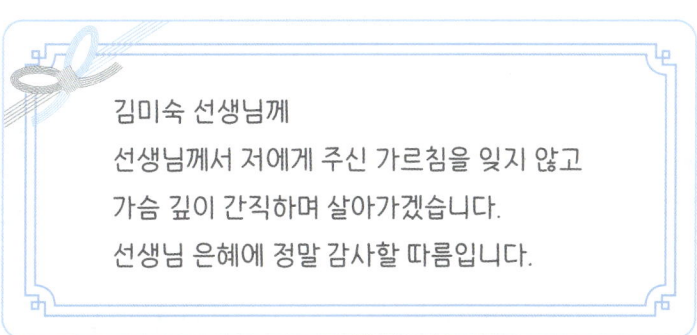

김미숙 선생님께
선생님께서 저에게 주신 가르침을 잊지 않고 가슴 깊이 간직하며 살아가겠습니다.
선생님 은혜에 정말 감사할 따름입니다.

2) 층간 소음 때문에 시끄럽다고 불평하는 이웃에게 죄송한 마음을 표현하는 메모를 쓸 때

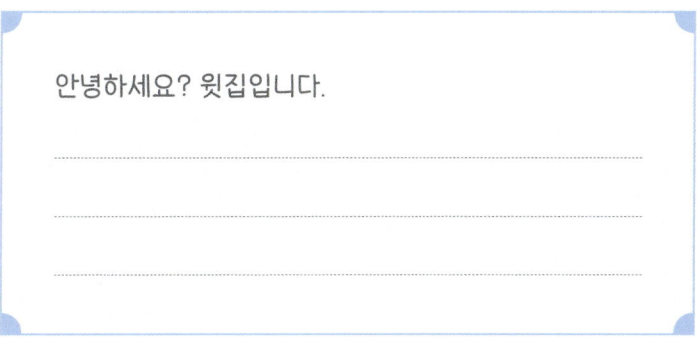

안녕하세요? 윗집입니다.

3) 회사에서 퇴직하며* 같이 일했던 동료들에게 메일을 쓸 때

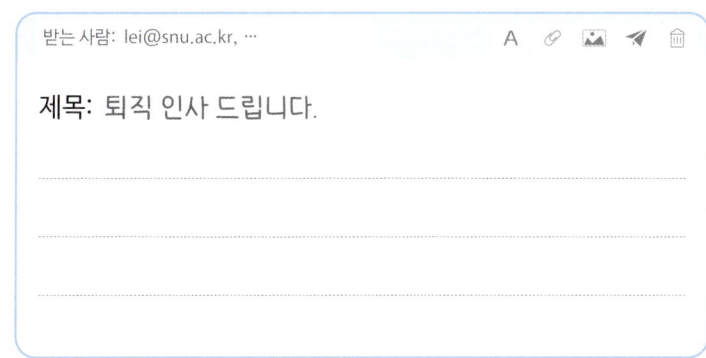

받는 사람: lei@snu.ac.kr, …

제목: 퇴직 인사 드립니다.

퇴직하다: 현재의 직업에서 물러나다.

6

환경과 주거 공간

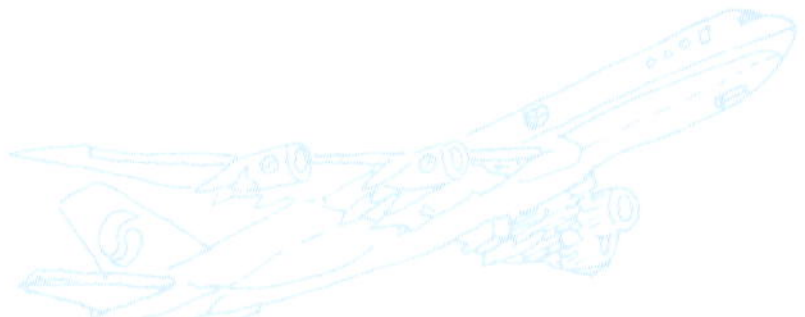

6-1 도시와 환경

6-2 주거 공간

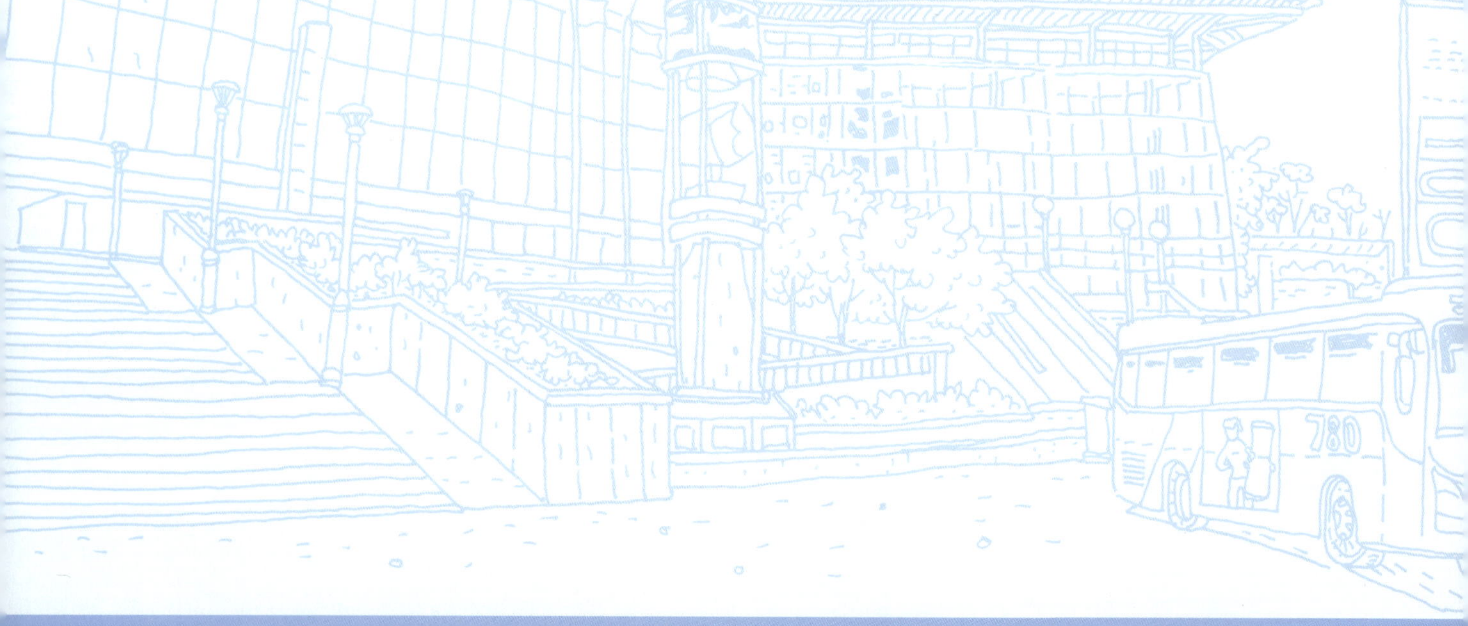

6-1	어휘	살기 좋은 도시, 대도시의 문제점
	문법과 표현	동형-지 않을까 하다, 명이 아닐까 하다
		동-고자 하다
6-2	어휘	주거 공간, 공간의 특징
	문법과 표현	명 같아서는
		동형-고 해서, 명이고 해서

어휘 Vocabulary

1. 알맞은 말을 골라 써 보세요.

> 무분별하게 개발되다   (인구가 밀집되다)   자연을 훼손하다   주택 가격이 높다

1) 오늘날 도시에는 많은 사람들이 모여 살고 있습니다.
   ➡ 인구가 밀집되다

2) 사람들의 편리한 삶에만 초점을 두어 도시가 계획성 없이 많이 바뀌었습니다.
   ➡

3) 녹지를 없애고 아스팔트 도로를 만들거나 건물을 지으면서 자연은 갈수록 파괴되고 있습니다.
   ➡

4) 도시의 중심지에서 살고자 하는 사람이 많기 때문에 도심의 집값은 해마다 오르고 있습니다.
   ➡

2. 밑줄 친 부분과 의미가 같은 말을 골라 알맞게 써 보세요.

> 공원이 조성되다   과거와 현재가 공존하다   대중교통 체계가 잘 갖춰지다   유적을 보존하다
> 자연 친화적이다   재생 에너지를 사용하다   (치안이 좋다)

1) 경찰의 힘 강화, CCTV의 설치 등 정부의 끊임없는 노력으로 <u>범죄율이 낮고 안전한</u> 나라가 되었다.
   ➡ 치안이 좋은

2) 광화문에 가면 전통적인 옛 건물을 현대적인 건물이 둘러싸고 있어서 마치 과거와 현재가 같은 공간에 있는 것 같은 느낌이 든다.

3) 많은 기업이 정부의 친환경 정책에 발맞추어 물, 바람, 햇빛 등과 같은 다시 사용이 가능한 에너지를 쓰기 위해 적극적으로 나서고 있다.

4) 내가 생각하는 살기 좋은 도시는 버스, 지하철 등의 교통수단을 쉽게 이용할 수 있고, 대중교통을 이용하여 어느 곳이나 편하게 갈 수 있는 도시이다.

5) 경주는 곳곳에 신라 시대의 역사적 흔적*이 남아 있는 도시이다. 경주에서는 전통적인 건축물과 역사적으로 의미가 있는 조상들의 흔적을 그대로 유지하기 위해 노력하고 있다.

6) 서울 한가운데를 흐르는 한강은 주변에 공원이 만들어져 있어 많은 시민들이 찾는다. 특히 자연을 오염시키지 않고 자연과 잘 어울리는 산책로가 마련되어 큰 인기를 끌고 있다.

3. 빈칸에 공통적으로 들어갈 말을 골라 알맞게 써 보세요.

> 개발되다   (공존하다)   보존하다   조성하다

1) 대가족 안에는 기성세대와 젊은 세대의 다양한 문화가 ___공존한다___ .
   인간은 자연과 ___공존하기___ 위해 쓰레기를 줄일 필요가 있다.

2) 전통문화를 잘 _____ 미래 세대에게 전해야 한다.
   우리 도시에서는 옛 건축물을 오랫동안 그대로 _____ 위해 노력해 왔다.

3) 서울시는 가족 친화적인 사회 분위기를 _____ 위해 가족 사진전을 연다고 밝혔다.
   시청에서 우리 동네에 큰 공원을 _____ 계획이라고 한다.

4) 연구 팀이 끊임없이 연구해 온 결과, 암을 치료할 수 있는 치료 약이 _____ .
   그 지역이 _____ 예상하지 못한 문제점들이 발생하기 시작했다.

흔적: 어떤 것이 지나간 뒤에 남은 자국.

문법과 표현 ❶ 동 형 -지 않을까 하다, 명 이 아닐까 하다

1. 그림을 보고 대화를 완성해 보세요.

1)

가: 오늘 보고 온 방은 어때요?
나: 방이 싸고 깨끗한데 에어컨이 없어서 <u>여름에는 좀 덥지 않을까 해요</u> .

2)

가: 제시간*에 도착할 수 있을까요?
나: 차가 너무 막혀서 _____.

3)

가: 아이가 그린 그림이라고는 믿을 수 없을 정도로 훌륭하네요.
나: 아이가 틈*만 나면 그림을 그려요. 커서 _____
_____.

4)

가: 이 양복 어때요? 세일을 많이 해서 꼭 사고 싶은데….
나: 디자인은 괜찮은데 정훈 씨한테 좀 _____
_____.

5)

가: 지현 씨 옆에 있는 남자는 한국 사람이에요?
나: 한국 사람처럼 보이기는 하는데 한국말을 못하는 걸 보니 _____
_____.

제시간: 정한 시간.   틈: 어떤 행동을 할 만한 기회.

2. 다음과 같이 대화를 완성해 보세요.

1) 가: 지난주에 면접 잘 봤어? 느낌이 어때?
   나: 지금까지 연락이 없는 걸 보니까 <u>떨어지지 않았을까 싶어</u>.

2) 가: 한국대학교 연구 팀이 희귀병* 치료 약을 개발하고 있다던데 성공할까요?
   나: 1차 실험을 통과했다니까 2차도 _____.

3) 가: 아이가 이제 세 살이 됐으니까 영어를 가르쳐 보면 어떨까?
   나: 아직은 어려서 _____.

4) 가: 그 정책을 시행할 수 있을까요?
   나: 사람들의 반응이 긍정적이어서 _____.

5) 가: 올여름이 작년보다 더 더울까요?
   나: 지구 온난화 때문에 _____.

6) 가: 경제 상황이 안 좋아 걱정이네요. 내년에는 좀 나아질까요?
   나: 정부가 노력하고 있으니 _____.

3. 위 문법을 사용하여 이야기해 보세요.

기후 변화를 해결하려면   사람들과 관계를 잘 유지하려면   자신의 목표를 이루려면   ?

기후 변화를 해결하려면 어떻게 해야 할까요?

정부의 대책 마련이 중요하지 않을까 해요.

친환경 제품을 사용하는 등 개인의 노력이 필요하지 않을까 싶어요.

희귀병: 매우 드물어서 쉽게 걸리지 않는 병.

문법과 표현 2 동-고자 하다

1. 알맞은 말을 골라 글을 완성해 보세요.

> 건강한 식단을 알려 주다   다양한 의견을 듣다   자선 바자회*를 열다
> (직접 만나는 자리를 마련하다)   '한국의 정'에 대해 이야기하다

1) **작가와의 만남**

정석원 작가님이 5년 만에 새로운 작품을 선보입니다. 소설 출판을 기념하여 이번 달 말에 정석원 작가님과 그동안 기다려 주신 독자님들이 직접 만나는 자리를 마련하고자 합니다 .

2) **학부모 회의**

학교 체육관을 새로 짓는 문제에 대해 학부모님들의 _____. 좋은 아이디어는 적극 반영하도록 하겠습니다. 많은 참여 부탁드립니다.

3) **비만 상담은 한국센터와 함께**

아이의 비만 때문에 고민하고 계십니까? 우리 센터에서는 선착순 열 분께 일대일 상담을 통해 아이에게 맞는 _____. 건강한 식단을 통해 비만을 극복할 수 있습니다. 많은 신청 바랍니다.

4) **자선 바자회**

명절을 맞이하여 우리 주변의 불우 이웃*을 위한 _____. 주민들이 보내 주신 소중한 물품을 저렴한 가격에 판매하고 수익금*은 필요한 이웃에게 전달할 예정입니다. 많은 참여 부탁드립니다.

5) **한국 문화 강연 안내**

우리 주민 센터에서는 한국에 거주하는 외국인들을 대상으로 한국 문화에 대한 강연을 하고 있습니다. 이번 주에는 _____. 강연을 듣기 원하시는 분은 이메일로 신청해 주시기 바랍니다.

자선 바자회: 어려운 이웃을 돕기 위해 돈을 모으려는 목적으로 물건을 판매하는 시장.   **불우 이웃**: 형편이 어려운 이웃.
수익금: 이익으로 들어오는 돈.

2. 그림을 보고 대화를 완성해 보세요.

1)  가: 이번 전시회를 열게 된 목적이 궁금합니다.
   나: 많은 사람들에게 <u>환경 오염의 심각성을 알리고자</u> 전시회를 열게 되었습니다.

2)  가: 학교에 다닐 때 공부 외에 어떤 활동을 했습니까?
   나: _____ 봉사 동아리에서 활동했고 여러 아르바이트도 했습니다.

3) 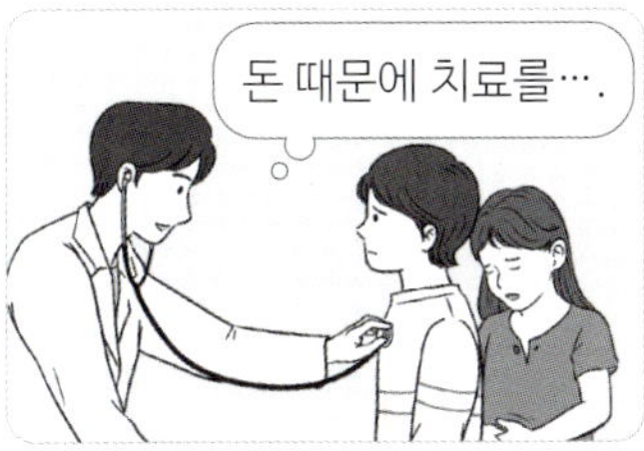 가: 의학을 전공하기로 결심하신 이유가 무엇입니까?
   나: 돈 때문에 치료를 받지 못하는 _____ 의사가 되겠다고 결심했습니다.

4)  가: 어떻게 한국에 다시 오게 되셨습니까?
   나: 팬들과 3년 전에 한 _____ 다시 오게 되었습니다.

5)  가: 가장 존경하는 인물로 이분을 꼽은 이유는 무엇입니까?
   나: _____ 포기하지 않고 노력해서 결국 금메달을 딴 것이 인상 깊었습니다.

3. 위 문법을 사용하여 다음 주제에 대해 이야기해 보세요.

올해 목표   한국어를 배우는 목적   졸업 후 계획   ?

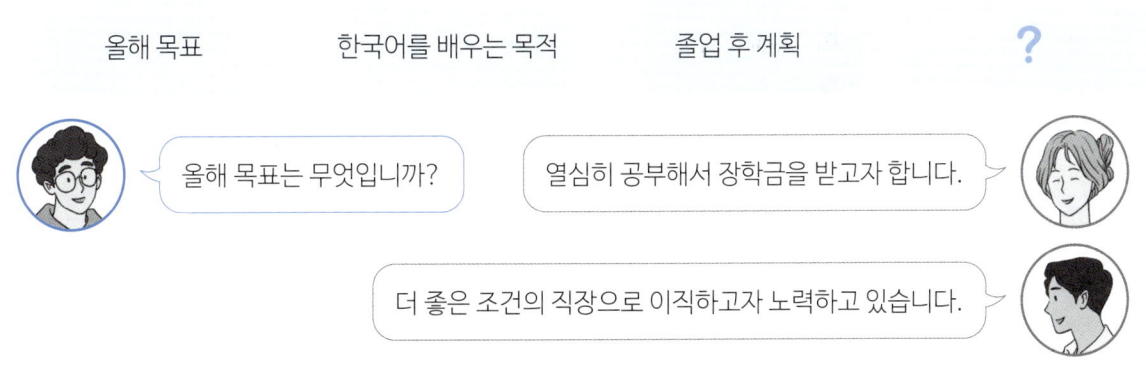

올해 목표는 무엇입니까?
열심히 공부해서 장학금을 받고자 합니다.
더 좋은 조건의 직장으로 이직하고자 노력하고 있습니다.

어휘 Vocabulary

1. 알맞은 말을 골라 써 보세요.

> 다용도실   서재   욕실   정원   (주방)   침실

1) 여기에서 음식을 하거나 차려서 가족들과 같이 먹어요. ➡ 주방

2) 이곳에서 침대에 누워 자기 전에 하루를 정리해 보는 시간을 갖곤 해요. ➡

3) 단독 주택*에 살 때는 이곳에 꽃과 나무를 심을 수 있었는데 아파트에서는 그러지 못해 아쉬워요. ➡

4) 이곳은 책을 읽거나 글을 쓰는 방이에요. 한쪽 벽면에 놓인 큰 책장에는 많은 종류의 책이 있어요. ➡

5) 피곤할 때는 여기에 있는 욕조에 따뜻한 물을 받고 몸을 담그면 피로가 풀리는 느낌이 들어요. ➡

6) 이곳은 여러 가지 용도로 사용할 수 있는 공간이에요. 저는 이곳을 세탁실로 사용하고 있어요. 또 분류해서 버릴 재활용품을 이곳에 모아 놓기도 해요. ➡

2. 알맞은 말을 골라 문장을 완성해 보세요.

> 무난하다   아기자기하다   아늑하다   방음이 잘되다
> 은은한 향이 나다   채광이 좋다   (포근한 느낌이 들다)

1) 폭신한 이불을 덮으니 어린 시절* 나를 안아 주시던 엄마 품*처럼 __포근한 느낌이 든다__.

단독 주택: 한 채씩 따로 지은 집.　　**시절**: 특정한 시기나 때.　　**품**: 두 팔을 벌려 안을 때의 가슴.

2) 원목 가구*는 튀지 않고 _____ 어느 인테리어에나 잘 어울린다.

3) 악기 연습을 할 때 이웃에게 피해를 주지 않으려면 _____ 곳에서 연주를 해야 한다.

4) 새로 이사한 집이 썰렁한* 느낌이 들어 화분을 몇 개 사서 두었다. 식물을 채워 놓으니 썰렁했던 집이 _____ 보였고 꽃향기 덕분에 집 전체에 _____.

5) 이 가게는 곳곳에 작고 귀여운 소품이 놓여 있어서 _____ 느낌이 든다.

6) 전에 살던 집은 북향이라 어두웠는데 새로 이사한 집은 남향이라 _____.

3. 관계있는 것끼리 연결하고 대화를 완성해 보세요.

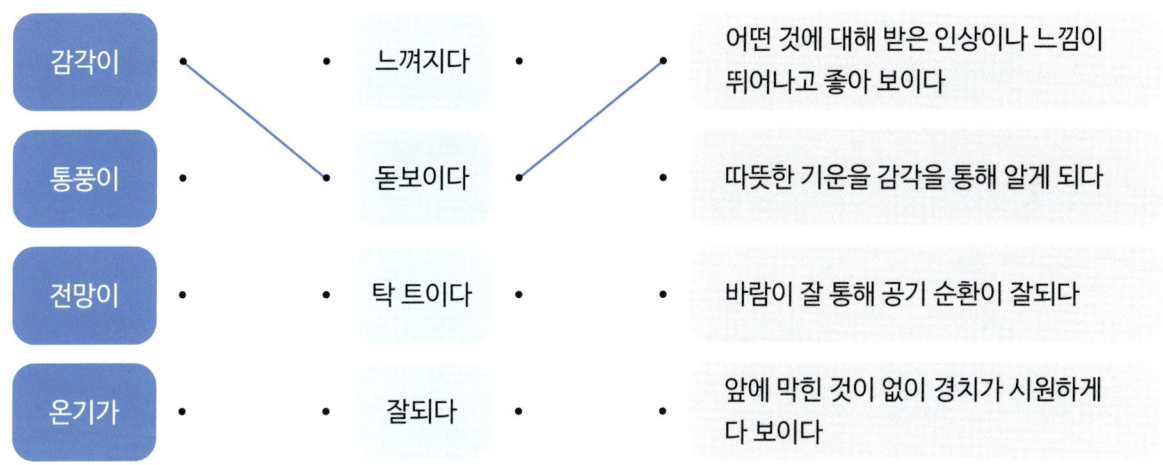

1) 가: 이 그림 정말 특이하다!
   나: 응. 흔하지 않은 색깔을 써서 예술적인 감각이 돋보인다는 평가를 받는 작품이야. 정말 멋지지?

2) 가: 이 옷이 다른 옷보다 더 비싼 이유가 있어요?
   나: 기능성 소재로 만들었기 때문에 아무리 더운 날에 입어도 _____ 시원하거든요.

3) 가: 올해 여름은 유난히* 더워서 사람들이 휴가를 많이 떠나는 것 같아요.
   나: 맞아요. 호텔을 예약하려고 보니까 _____ 창밖으로 멋진 풍경을 볼 수 있는 방은 이미 예약이 다 찼더라고요.

4) 가: 그 작가 전시회에 또 가요?
   나: 그림이 정말 마음에 들어서 한 번 더 보고 싶더라고요. 작가가 세계 여러 시골 마을을 다니며 만난 사람들을 그린 작품인데 그림에서 사람들의 _____ 좋아요.

원목 가구: 나무로 만든 가구.　　**썰렁하다**: 있어야 할 것이 없어 어딘가 빈 듯한 느낌이 있다.　　**유난히**: 보통과 아주 다르게.

문법과 표현 ③ 명 같아서는

1. 관계있는 것끼리 연결하고 문장을 완성해 보세요.

1) 지금 —— 등산을 갈 수 없을 것 같다

2) 마음 • • 너무 힘들어서 휴학을 하고 싶다

3) 요즘 • • 사과를 받아 주고 싶지 않다

4) 성질 • • 콘서트에 꼭 가고 싶지만 표를 살 돈이 부족하다

5) 기분 • • 화를 내고 싶을 때도 있지만 꾹 참고 대답해 주다

1) 등산하기로 했는데 비가 많이 온다. <u>지금 같아서는 등산을 갈 수 없을 것 같다</u>.

2) 좋아하는 가수가 이번 달에 콘서트를 한다. _____.

3) 학기 중에 아르바이트를 하게 돼서 정신이 없다. _____.

4) 내 동생은 호기심이 많아 질문을 수없이 해 대서 너무 힘들다. _____.

5) 학교에서 나한테 소리를 지르며 화를 냈던 친구가 집에 찾아와서 미안하다고 했다. 괜찮다고 했지만 사실 _____.

2. 다음과 같이 대화를 완성해 보세요.

1) 가: 밖에 비가 많이 오는데 여행 가도 괜찮겠어요?
   나: 글쎄요. <u>지금 같아서는 여행 가서도 호텔에만 있어야 할 것 같네요</u>.
   (지금)

2) 가: 남자 친구와 요즘도 많이 싸워요?
   나: 네. _____.
   (요즘)

3) 가: 서울 집값이 너무 비싸던데 계속 서울에 살 거예요?

　　나: 글쎄요. _____.
　　　　　　　　　　　　　(생각)

4) 가: 여기 걸려 있는 옷은 다 예쁜 것 같아.

　　나: 맞아. _____.
　　　　　　　　　　　　(욕심)

5) 가: 요즘 계속 야근할* 정도로 바쁘다면서 여름휴가 갈 수 있겠어요?

　　나: 그러게요. _____.
　　　　　　　　　　　　　(마음)

3. 위 문법을 사용하여 이야기해 보세요.

- 올해 어떤 계획을 세웠어요? 마음먹은 대로 실천하지 못한 일이 있어요?
- 욕심처럼 잘 안되는 일이 있었어요?
- 하고 싶은데 여건* 때문에 하지 못하는 일이 있어요?

올해 어떤 계획을 세웠어요? 마음먹은 대로 실천하지 못한 일이 있어요?

올해 매일 운동해서 근육을 키우겠다는 계획을 세웠는데 잘 지키지 못했어요. 생각 같아서는 하루에 두 시간씩 할 수 있을 것 같았는데 실제로 해 보니 매일 한 시간 하기도 힘들더라고요.

야근하다: 밤늦게까지 근무하다. 　**여건**: 주어진 조건.

문법과 표현 4 동형-고 해서, 명이고 해서

1. 관계있는 것끼리 연결하고 문장을 완성해 보세요.

1) 장학금도 받다	케이크를 만들다
2) 목도 아프다	자주 가는 편이다
3) 좀 우울하다	따뜻한 차를 마시다
4) 음식도 맛있고 분위기도 좋다	코미디 영화를 보다
5) 비도 오고 잠도 안 오다	어제 저녁은 내가 사다
6) 친구 생일이다	잔잔한* 음악을 듣다

1) 이번 학기에 <u>장학금도 받고 해서 어제 저녁은 내가 샀다</u>.

2) 감기 때문에 _____.

3) 기분도 _____.

4) 학교 앞 식당은 _____.

5) 밤에 _____.

6) 이번 주 토요일이 _____.

 잔잔하다: 소리가 조용하고 나지막하다.

2. 알맞은 말을 골라 대화를 완성해 보세요.

> 날씨도 춥다   운동도 되다   졸업식도 있다   좀 질리다   (휴가철이다)

1) 가: 여행 잡지네요. 여행 갈 계획이 있으세요?
   나: 아직 특별한 계획은 없는데 다음 달부터 <u>휴가철이고 해서 추천 여행지를 보고 있었어요</u>.

2) 가: 학교에서 집까지 매일 걸어 다니세요?
   나: 네. 따로 운동할 시간이 없는데 _____.

3) 가: 어? 못 보던 옷이네요. 정장이 잘 어울리는데요.
   나: 다음 주에 _____.

4) 가: 요즘 요리를 자주 하는 것 같네.
   나: 매일 배달시켜 먹으니 _____.

5) 가: 주말인데 집에 있으려고요?
   나: _____.

3. 위 문법을 사용하여 이야기해 보세요.

- 요즘 즐겨 보는 드라마가 있어요? 왜 그 드라마를 봐요?
- 공부할 때 듣는 음악이 있어요? 공부할 때 왜 그 음악을 자주 들어요?
- 자주 가는 커피숍이나 식당이 있어요? 왜 그곳에 자주 가요?

> 요즘 즐겨 보는 드라마가 있어요? 왜 그 드라마를 봐요?

> 저는 요즘 '우리의 여름'을 즐겨 보는데 제가 좋아하는 배우도 나오고 한국어도 공부할 수 있고 해서 보고 있어요.

복습 3

어휘 Vocabulary

> ▶ 정리하기

✎ 다음에서 알고 있는 어휘에 ✔ 해 보세요.

5-1과

가뭄 ☐	대형 산불 ☐	동식물이 멸종되다 ☐
한파 ☐	미세 먼지 ☐	서식지가 파괴되다 ☐
홍수 ☐	이상 기후 ☐	해수면이 상승하다 ☐
자연재해 ☐	체감 온도 ☐	인명 피해가 발생하다 ☐
강수 확률 ☐	초강력 태풍 ☐	평균 기온이 상승하다 ☐
고온 다습 ☐	초미세 먼지 ☐	해안 도시가 침수되다 ☐
기후 변화 ☐	인류를 위협하다 ☐	

5-2과

빙하 ☐	신비롭다 ☐	지형이 형성되다 ☐
절벽 ☐	웅장하다 ☐	한 폭의 그림 같다 ☐
평야 ☐	어우러지다 ☐	바위로 이루어지다 ☐
하천 ☐	숨이 막히다 ☐	감탄이 절로 나오다 ☐
해안 ☐	장관을 이루다 ☐	말로 표현할 수 없다 ☐
화산 ☐	끝없이 이어지다 ☐	경사가 가파르다/완만하다 ☐
환상적 ☐	모래로 뒤덮이다 ☐	
빼어나다 ☐	절경이 펼쳐지다 ☐	

6-1과

친환경적 ☐	인구가 밀집되다 ☐	과거와 현재가 공존하다 ☐
자연 친화적 ☐	자연을 훼손하다 ☐	재생 에너지를 사용하다 ☐
녹지가 많다 ☐	경제 수준이 높다 ☐	건축물/유적을 보존하다 ☐
치안이 좋다 ☐	주택 가격이 높다 ☐	도시 기반 시설이 잘되다 ☐
공원이 조성되다 ☐	문화생활을 즐기다 ☐	대중교통 체계가 갖춰지다 ☐
기후가 온화하다 ☐	무분별하게 개발되다 ☐	우수한 교육 환경을 갖추다 ☐

6-2과

서재 ☐	무난하다 ☐	온기가 느껴지다 ☐
욕실 ☐	화사하다 ☐	은은한 향이 나다 ☐
정원 ☐	채광이 좋다 ☐	전망이 탁 트이다 ☐
주방 ☐	아기자기하다 ☐	분위기가 아늑하다 ☐
침실 ☐	방음이 잘되다 ☐	포근한 느낌이 들다 ☐
현대적 ☐	통풍이 잘되다 ☐	
다용도실 ☐	감각이 돋보이다 ☐	

평가하기

[1~5] 다음 ( )에 들어갈 가장 알맞은 것을 고르세요.

1. 이 지역은 ( )이/가 폭발할 위험이 있어 출입이 통제되고 있다.

   ① 화산   ② 하천   ③ 빙하   ④ 평야

2. 그는 ( ) 외모와 뛰어난 연기력으로 데뷔하자마자 사람들의 주목을 받았다.

   ① 웅장한   ② 따끈한   ③ 빼어난   ④ 어우러진

3. 새해를 맞이해 산에 올라 해가 뜨는 것을 보았다. 산 정상에서 바라본 일출의 아름다움에 ( )이 절로 나왔다.

   ① 절경   ② 감탄   ③ 장관   ④ 지형

4. 가: 광화문을 특별히 좋아하는 이유가 있어요?
   나: 광화문은 과거와 현재가 ( ) 곳이거든요. 대표적인 전통 건축물이라고 할 수 있는 경복궁이 있고 그 앞으로 현대적인 고층 빌딩이 쭉 늘어서 있어서 독특한 풍경을 만들어 내는데 그게 참 마음에 들어요.

   ① 공존하는   ② 개발하는   ③ 밀집되는   ④ 순환되는

5. 가: 올해 시청에서 ( ) 체험 프로그램을 다양하게 선보인다고 하는데요. 어떤 프로그램들이 마련되어 있나요?
   나: '시민과 함께하는 시청'이라는 주제로 누구나 참여할 수 있는 운동 수업, 바리스타 체험, 힐링 콘서트 등을 진행할 계획입니다.

   ① 현대적인   ② 친환경적인   ③ 가족 친화적인   ④ 시민 친화적인

[6~10] 다음 밑줄 친 부분과 의미가 비슷한 것을 고르세요.

6.
따뜻한 커피 잔을 만지자 손끝에 <u>따뜻한 기운이</u> 느껴지면서 추위로 떨리던 몸도 따뜻해지기 시작했다.

① 환상이 ② 기후가
③ 통풍이 ④ 온기가

7.
밤에 고궁*으로 나들이 가는 것을 적극 추천한다. 고궁은 낮에도 아름답지만 밤에는 <u>너무 밝지 않은 흐릿한</u> 조명이 고궁을 비춰 더욱 환상적인 분위기를 느낄 수 있기 때문이다.

① 은은한 ② 포근한
③ 화사한 ④ 무난한

8.
이 동네는 낮은 곳에 있어서 장마 때가 되면 쉽게 <u>물에 잠긴다</u>.

① 발생한다 ② 상승한다
③ 멸종된다 ④ 침수된다

9.
경주는 신라의 수도였기 때문에 여러 유적을 <u>잘 보호해 그대로 남기기</u> 위해 개발이 제한된 곳이 많다.

① 훼손하기 ② 보존하기
③ 종합하기 ④ 사용하기

10.
내가 이 집을 선택한 이유는 창밖으로 보이는 풍경 때문이었다. <u>앞이 막히지 않고 시원하게 뚫려서</u> 먼 곳의 경치까지 볼 수 있는 점이 매우 매력적으로 느껴졌다.

① 채광이 좋아서 ② 방음이 잘되어서
③ 전망이 탁 트여서 ④ 분위기가 아늑해서

고궁: 옛 궁궐.

[11~13] 다음 (   )에 공통적으로 들어갈 단어를 고르세요.

11.
- 기후 변화는 인류의 삶을 (   ) 있다.
- 세계 평화를 (   ) 핵무기*는 사라져야 한다.
- 그는 내 팔을 세게 잡고 돈을 달라며 나를 (   ).

① 정비하다　　② 파괴하다　　③ 형성하다　　④ 위협하다

12.
- 그의 예의 없는 행동을 보자 기가 (   ) 아무 말도 할 수 없었다.
- 하늘이 미세 먼지로 뒤덮였을 때 외출을 했더니 숨이 (   ) 것 같았다.
- 나는 그가 수학 문제를 풀 때 아무리 어려워도 (   ) 경우를 본 적이 없다.

① 이루다　　② 나오다　　③ 막히다　　④ 갖추다

13.
- 눈이 오자 숲이 하얀 눈으로 뒤덮여 절경이 (   ).
- (   ) 있던 책에 물을 쏟아 책이 완전히 젖어 버렸다.
- 끝없이 (   ) 바다를 보면 답답한 마음이 뚫리는 것 같다.

① 조성되다　　　　　　② 펼쳐지다
③ 어우러지다　　　　　④ 환상적이다

[14~15] 밑줄 친 부분이 어색한 것을 고르세요.

14.
① 완만한 언덕은 경사가 심해 오르기 힘들다.
② 초대받은 집에 갈 때는 꽃이 가장 무난한 선물인 것 같다.
③ 결혼식 때 입을 밝고 화사한 색깔의 한복을 맞추려고 한다.
④ 뷔페의 한쪽에는 아기자기한 디저트가 줄지어 놓여 있었다.

15.
① 일기 예보에서 강수 확률이 90%라고 해서 우산을 가지고 나왔다.
② 우리나라의 겨울은 날씨가 춥고 건조해 고온 다습한 특징을 갖는다.
③ 기온은 2℃지만 바람이 강하게 불어 체감 온도는 더욱 낮을 전망이다.
④ 바닷물의 온도가 높아질수록 폭염, 한파 등 이상 기후가 일어날 확률이 더 높아진다.

 핵무기: 핵반응으로 생기는 힘을 이용한 무기.

문법과 표현
Grammar & Expression

▶ 정리하기

✎ 다음에서 알고 있는 문법과 표현에 ✔ 해 보세요.

5-1과

| 동-다시피 | ☐ 보시다시피 지금 제 손에는 아무것도 없습니다. |
| 동-는 한, 형-은 한 | ☐ 건강이 허락하는 한 이 일을 계속하고 싶다. |

5-2과

| 동-는가 하면, 형-은가 하면 | ☐ 아침에는 맑은가 하면 오후에는 비가 오기도 하는 등 요즘은 날씨가 무척 변덕스럽다. |
| 동형-을 따름이다, 명일 따름이다 | ☐ 이 상을 받기까지 말없이 저를 지원해 주신 부모님께 감사할 따름입니다. |

6-1과

| 동형-지 않을까 하다, 명이 아닐까 하다 | ☐ 이 화장품을 꾸준히 사용하면 피부가 좋아지지 않을까 했는데 아무 효과도 없네요. |
| 동-고자 하다 | ☐ 지금부터 친환경 도시에 대한 발표를 시작하고자 합니다. |

6-2과

| 명 같아서는 | ☐ 마음 같아서는 당장 결혼하고 싶지만 형편이 안 되네요. |
| 동형-고 해서, 명이고 해서 | ☐ 월세도 비싸고 교통도 불편하고 해서 이사할 생각입니다. |

▶ 평가하기

[1~2] 다음 (   )에 들어갈 가장 알맞은 것을 고르세요.

1. 영상에서 (   ) 지구 곳곳에서 기후 변화 현상이 나타나고 있습니다.

   ① 보시느니   ② 보시고도   ③ 보신다더니   ④ 보시다시피

2. (　　　　　　) 아무도 없는 곳에 가서 혼자 좀 쉬는 시간을 가지고 싶어요.

① 마음은커녕
② 마음과 달리
③ 마음 같아서는
④ 마음을 통해서

[3~4] 다음 밑줄 친 부분과 의미가 비슷한 것을 고르세요.

3. 내가 가장 좋아하는 명언은 "<u>시도하지 않는 한</u> 기회는 없다."라는 말이다.

① 시도하지 않는다면
② 시도하지 않는다더니
③ 시도하지 않는 데다가
④ 시도하지 않을 정도로

4. 정부는 청년 취업률을 <u>높이고자</u> 다양한 취업 지원 프로그램을 운영하고 있다.

① 높이므로
② 높이려고
③ 높이려다가
④ 높인다던데

[5~7] 알맞은 표현을 골라서 대화를 완성하세요.

| -고 해서 | -는가 하면 | -지 않을까 하다 | -을 따름이다 |

5. 가: 내일 졸업식에 이 원피스를 입고 가려고 하는데 어때?
   나: 아직 기온이 낮아서 그 원피스는 _____. 좀 더 두꺼운 옷을 입으면 어때?

6. 가: 수정 씨가 무슨 일이 있는지 이유 없이 _____ 한숨을 쉬기도 해요.
   나: 그러게 말이에요. 별일 아니어야 할 텐데 걱정이네요.

7. 가: 소감 한 말씀 부탁드립니다.
   나: 아직 부족한 저에게 이렇게 큰 상을 주셔서 정말 _____.

듣기 Listening

[1] 다음을 듣고 질문에 답하세요.

1. '한 달 살기'에 대한 설명으로 알맞은 것을 고르세요.
   ① 다른 지역의 문화를 여유 있게 즐길 수 있다.
   ② 친환경적인 곳에서 '한 달 살기'를 하는 가족이 많다.
   ③ '한 달 살기'를 하는 사람들은 대부분 재택근무자이다.
   ④ 정확히 한 달 동안 다른 지역에서 생활하는 것을 뜻한다.

[2~3] 다음 인터뷰를 듣고 질문에 답하세요.

2. 누구를 인터뷰하고 있는지 고르세요.
   ① 한옥 건축가　　　　　　　　② 한옥 거주자
   ③ 한옥 호텔 직원　　　　　　　④ 한옥 마을 관광객

3. 한옥에 대해 남자가 이야기한 내용과 일치하지 <u>않는</u> 것을 고르세요.
   ① 햇빛이 잘 들고 통풍이 잘된다.
   ② 이웃집의 소음으로 불편할 때가 있다.
   ③ 마당에는 여러 종류의 꽃이 심어져 있다.
   ④ 오랜 시간에 걸쳐 생활하기 편하게 고쳤다.

[4~5] 다음 시사 프로그램을 듣고 질문에 답하세요.

4. 여자의 중심 생각으로 알맞은 것을 고르세요.
   ① 파괴된 도시 기반 시설이 빨리 회복되어야 한다.
   ② 이상 기후로 인한 우리나라의 피해가 매우 크다.
   ③ 기후 변화를 늦추기 위해 모두 함께 노력하고 있다.
   ④ 피해를 줄이기 위한 방법을 적극적으로 마련해야 한다.

5. 들은 내용과 일치하는 것을 고르세요.
   ① 해외에서 홍수로 4,000여 대의 차량이 침수됐다.
   ② 유럽에서는 심각한 더위로 많은 사람들이 고통받고 있다.
   ③ 이상 기후로 인해 전 세계적으로 1년 동안 600억 달러의 피해를 입었다.
   ④ 한국은 홍수 피해를 입은 이후 배수* 시설을 현재 기후에 맞게 새로 설치했다.

 배수: 안에 있는 물을 다른 곳으로 내보냄.

읽기 Reading

[1~2] 다음 글을 읽고 질문에 답하세요.

> **'기후대응기금'이란?**
>
> 산업화 이후 석탄이나 석유의 사용이 늘어나면서 지구 온난화를 일으키는 온실가스*가 급격히 증가했습니다. (㉠) 지구 온난화로 인해 세계 곳곳에 여러 자연재해가 발생하자 전 세계는 온실가스를 줄이기 위해 노력하고 있습니다.
>
> 대표적인 온실가스인 이산화 탄소의 발생을 줄이기 위해 한국 정부도 기후대응기금을 조성했습니다. (㉡) 현실적으로 탄소를 전혀 배출하지* 않는 것은 불가능하기 때문에 배출하는 만큼 흡수해서* 실제로 배출하는 탄소의 양을 0으로 만드는 것을 목표로 하고 있습니다.
>
> 이 기금*은 탄소 배출을 줄이거나 탄소 흡수율을 높이는 다양한 분야에 쓰입니다. (㉢) 석탄이나 석유 대신 재생 에너지를 사용하는 기업을 돕는가 하면 탄소를 적게 배출하는 친환경 차를 개발하는 데 쓰이기도 합니다. (㉣) 또한 도시에 숲과 옥상 정원을 조성하거나 생태계를 보존하는 데에도 사용됩니다.

1. 이 글에서 보기 의 글이 들어가기에 가장 알맞은 곳을 고르세요.

> **보기** 기후대응기금은 2050년까지 개인이나 기업이 배출하는 탄소의 양을 0으로 줄이는 것을 목적으로 하는 정부 기금입니다.

① ㉠　　　② ㉡　　　③ ㉢　　　④ ㉣

2. 기후대응기금에 대한 설명으로 알맞은 것을 고르세요.

① 석탄이나 석유 관련 기업을 돕는다.
② 탄소 흡수율을 높이는 데에 쓰이고 있다.
③ 탄소를 전혀 배출하지 못하게 하는 것이 목표이다.
④ 재생 에너지를 사용하지 않도록 하는 데에 쓰인다.

온실가스: 온실 효과를 일으키는 가스.　　**배출하다**: 안에서 밖으로 내보내다.　　**흡수하다**: 안으로 빨아들이다.
기금: 어떤 목적을 위해 쓰는 기본이 되는 돈.

[3~5] 다음 글을 읽고 질문에 답하세요.

도시에서 흔히 볼 수 있는 야간* 조명은 밤에도 거리를 안전하게 다닐 수 있게 해 주어 (   ) 효과를 갖는다. 또한 도시의 야경을 아름답게 만들 뿐만 아니라 연말 같은 특별한 시기에는 건물이나 나무를 수놓은 조명들이 멋진 분위기를 조성하기도 한다. 그러나 야간 조명이 빛 공해라 불릴 정도로 여러 심각한 문제를 발생시키는 것 역시 부정할 수 없는 사실이다.

한 연구 결과에 따르면 도시를 서식지로 삼는 여러 곤충과 새가 야간 조명으로 인해 큰 고통을 받고 있다고 한다. 늦은 밤까지 인공조명이 빛을 내는 세계 여러 도시에서는 곤충이 크게 감소했으며 별을 보고 길을 찾아야 하는 새가 별빛을 쉽게 찾지 못해 길을 잃고 건물에 부딪혀 죽는 일이 많아졌다.

사람 또한 빛 공해로 인해 피해를 입고 있다. 2010년 세계보건기구(WHO)는 빛 공해를 암을 일으키는 요인으로 지정했다. 사람은 해가 뜨고 지는 시간에 따라 활동을 하고 잠을 자야 하는데 새벽까지 너무 밝게 켜져 있는 인공조명 때문에 호르몬의 균형이 깨져 암 발생률이 높아졌다는 것이다.

최근에는 기존 조명보다 더 밝은 빛을 낼 수 있는 LED 조명을 쓰게 되면서 우주 관측*을 하는 데에도 문제가 생겼다. 원래 도시에서는 야간 조명 때문에 별을 관측하기 어려워 인공조명이 없는 산속에서 별을 관측하는데, 최근에는 빛 공해가 심해지면서 산속에서도 별을 관측하기 어렵게 된 것이다.

야간 조명으로 인한 문제가 지속해서 생기고 있으므로 무분별한 인공조명 설치를 멈추고 꼭 필요한 만큼의 조명만 설치하는 방안을 고려해 봐야 할 때이다.

3. 이 글을 쓴 목적으로 알맞은 것을 고르세요.
   ① 빛 공해의 문제점을 알리기 위해
   ② 동물 보호 방법을 추천하기 위해
   ③ 야간 조명의 효과를 설명하기 위해
   ④ 우주 관측의 문제점을 지적하기 위해

4. (   )에 들어갈 내용으로 알맞은 것을 고르세요.
   ① 치안을 강화하는
   ② 자연을 보호하는
   ③ 서식지를 지키는
   ④ 건축물을 보존하는

5. 야간 조명의 영향으로 알맞은 것을 고르세요.
   ① 도시에서 새가 길을 잃지 않게 되었다.
   ② 도시의 밤 분위기가 더욱 어지러워졌다.
   ③ 호르몬 불균형으로 암 발생률이 높아졌다.
   ④ 빛 공해가 심해졌으나 산속에서는 별을 관측할 수 있다.

 야간: 해가 진 뒤부터 다시 해가 뜨기 전까지의 동안.   관측: 눈이나 기계로 자연 현상을 자세히 살펴보고 어떤 사실을 알아냄.

쓰기 Writing

✏️ **다음 주제로 글을 쓰세요. (500자 이상)**

살기 좋은 도시의 조건은 사람마다 다릅니다. 자신에게 가장 중요한 조건 세 가지를 들고 그 이유도 써 보세요.

아래 어휘 중에서 세 가지 이상을 사용하세요.

기후, 녹지, 인구, 치안, 문화생활, 경제 수준, 교육 환경, 주택 가격, 대중교통 체계, 도시 기반 시설

격식적인 발표를 해 봅시다.

준비하기 조별로 모여 어떤 정보를 전달하면 좋을지 의논해 보세요.

학습한 단원	관련 주제	
건강한 삶	☐ 건강을 유지하기 위한 운동법 및 음식	☐
행복과 휴식	☐ 행복한 삶을 위한 습관	☐
언어와 학습	☐ 한국어와 우리 나라 언어의 차이점	☐
사고와 고정 관념	☐ 고정 관념을 깨고 성공한 사례	☐
기후와 지형	☐ 세계 여러 나라의 이상 기후 현상	☐
환경과 주거 공간	☐ 세계에서 가장 살기 좋은 도시	☐
인간과 심리	☐ 심리 검사의 종류와 그 특징	☐
직업의 미래	☐ 4차 산업 혁명 시대의 10대 유망 직업	☐

활동하기

1. 조별로 무슨 내용을 이야기할지 의논하고 발표 개요를 작성해 보세요.

| 정의 | 사례 | 문제점 | 원인 | 해결 방안 | ? |

발표 개요
1. 들어가기
2.
2.1.
2.2.
3.

2. 개요를 작성한 뒤에 발표 순서에 맞게 발표할 내용을 준비해 보세요.

발표 순서	내용
인사 및 발표 주제 소개	
↓	
발표 개요 소개	
↓	
발표 내용 전달	
↓	
발표 내용 정리 및 마무리	
↓	
끝인사 및 질의응답	

발표하기 정보를 전달하는 발표를 해 보세요.

- 저희 조의 발표 주제는 …입니다. 저희 조가 이 주제를 선택한 이유는 …기 때문입니다.
- 저희 조의 발표는 크게 … 부분으로 이루어졌습니다. 첫 번째로 … 두 번째로는 … 마지막으로 …에 대해 살펴보겠습니다.
- 그럼 먼저 …에 대해 말씀드리겠습니다.
- 다음으로 …에 대해 살펴보겠습니다.
- 지금까지 말씀드린 것을 간단히 정리하고 제 의견을 말씀드리겠습니다. 지금까지 발표한 내용을 종합해 볼 때 … 라고 할 수 있습니다.
- 이상으로 발표를 마치겠습니다. 들어 주셔서 감사합니다.

평가하기 각 조의 발표를 듣고 평가표에 따라 평가해 보세요.

발표 주제가 흥미로웠다.	☆☆☆☆☆
발표 주제가 잘 드러나도록 발표 내용을 구성했다.	☆☆☆☆☆
전달하고자 하는 내용을 분명하고 이해하기 쉽게 설명했다.	☆☆☆☆☆
정보 전달에 필요한 시각 자료를 잘 활용했다.	☆☆☆☆☆
발음과 억양이 정확하여 발표 내용이 잘 전달됐다.	☆☆☆☆☆

7 인간과 심리

7-1 인간관계와 심리

7-2 심리와 성격

7-1	어휘	좋은 인간관계, 인간관계와 갈등
	문법과 표현	동-고 보다
		동형-은 나머지
7-2	어휘	성격, 능력
	문법과 표현	동-어 내다
		동-는다면, 형-다면, 명이라면

어휘 Vocabulary

1. 밑줄 친 부분과 의미가 같은 말을 골라 알맞게 써 보세요.

> 공통의 관심사를 갖다   관계를 끊다   대화를 이어 나가다
> 있는 그대로 받아들이다   자존감이 높다   취향이 비슷하다   (호감이 가다)

1) 그 사람은 늘 여유가 있어 보이고 친절해서 <u>좋은 느낌이 든다</u>. ➡ 호감이 간다

2) 연예인이 되려고 하는 청소년들은 다른 청소년에 비해서 <u>자기를 존중하는 마음이 큰 것으로</u> 알려져 있다.
   ➡ _____

3) 사람과 관계를 맺을 때도 조심스럽게 행동해야 하지만 <u>더 이상 그 사람과 관계를 유지하고 싶지 않을 때는</u> 더 조심해서 행동해야 한다. ➡ _____

4) 오랫동안 룸메이트로 지냈더니 <u>좋아하는 것이나 하고 싶은 것들이 거의 똑같아지는 것 같다</u>.
   ➡ _____

5) 자기 모습을 솔직하게 드러내고 상대방이 그 모습을 <u>그대로 인정할 때</u> 좋은 관계가 이루어진다고 생각한다. ➡ _____

6) 두 사람이 만난 지 얼마 되지 않았더라도 서로 <u>같은 관심거리를 갖고 있으면</u> 친해지기가 쉽다.
   ➡ _____

7) 처음 만나 분위기가 어색한 자리에서는 <u>이야기가 끊어지지 않게 말을 주고받기가</u> 어렵다.
   ➡ _____

2. 알맞은 말을 골라 대화를 완성해 보세요.

> 과장되게 행동하다   눈치를 보다   대화에 끼다
> (뒤에서 험담을 하다)   무리한 요구를 하다   부자연스러운 모습을 보이다

1) 가: 상사 앞에서는 불만을 말하지 못하고 상사가 없을 때 자꾸 <u>뒤에서 험담을 하게</u> 돼 마음이 편하지 않은데 어떻게 해야 할지 모르겠어요.
   나: 누구나 상사한테 직접 불만을 말하기는 쉽지 않죠.

2) 가: 외국에서 살 때 뭐가 가장 힘들었어요?
   나: 글쎄요. 여러 가지가 있었는데 그중에서도 모임에 갈 때마다 그 나라 문화도 잘 모르고 말도 유창하지 않아서 사람들의 _____ 못하는 것이 가장 힘들었어요.

3) 가: 이번 주말에 제 친구랑 소개팅하지 않을래요?
   나: 미안해요. 소개팅에 나가면 분위기가 어색해서 자꾸만 이상한 표정을 짓게 되고 나답지 않은 _____ 되는 것 같아 다시는 소개팅에 안 나가기로 했어요.

4) 가: 동생이 해 달라고 하는 건 뭐든지 다 들어주는 편이지만 가끔은 너무 심하다고 생각될 정도로 _____ 때가 있어요. 그럴 땐 어떻게 거절해야 할지 몰라 너무 힘들어요.
   나: 아무리 귀여운 동생이라고 해도 안 되는 일은 확실하게 잘라야죠.

5) 가: 요즘은 나도 모르게 자꾸 다른 사람의 기분을 살피고 _____ 돼요.
   나: 자신감을 잃어서 그래요. 그럴수록 더 자신만만하고 당당하게 행동하려고 노력해 보세요.

6) 가: 연극성 성격 장애에 대해 저는 처음 들었는데, 어떤 특징이 있어요?
   나: 무대 위 배우처럼 _____ 게 특징이라고 해요. 사람들의 관심이나 시선을 지나치게 원해서 그런다고 하더라고요.

3. 빈칸에 공통적으로 들어갈 말을 골라 알맞게 써 보세요.

> 경청하다   공감하다   (유사하다)   회피하다

1) 이 두 영화는 소재가 <u>유사해서</u> 많은 사람에게 표절* 의심을 받았다.
   한 달 동안 <u>유사한</u> 사건이 계속 발생해 경찰이 조사를 시작했다.

2) 그녀는 이 문제에 대해서 시간을 가지고 생각해 봐야 한다며 확실한 대답을 _____.
   조사에 따르면 젊은 사람들 중에 문제가 생기면 해결하려고 하기보다는 _____ 사람들이 많아지고 있대요.

3) 그는 동료의 아픔에 누구보다도 _____ 같이 슬퍼해 주는 사람입니다.
   고개를 끄덕이는 걸 보니까 내 의견에 _____ 눈치였다.

4) 대통령*은 국민의 비판을 적극적으로 귀 기울여 _____ 한다.
   별로 관심이 없는지 사람들은 그의 이야기를 _____ 않았다.

표절: 글이나 노래 등을 지을 때 남의 작품의 일부를 몰래 씀.   대통령: 국가를 대표하는, 나라를 다스리는 사람.

문법과 표현 ① 동-고 보다

1. 다음과 같이 알맞은 것을 골라 보세요.

1) 기숙사 룸메이트가 (⟨알고 보니까⟩ / 알고 보면) 제 친구의 친구였어요.

2) 어떤 사람과 오해가 생겼을 때, 그 사람의 이야기를 (듣고 보니까 / 듣고 보면) 오해가 풀리는 경우가 많다.

3) 원하던 대학교에 합격해서 기뻤는데 (입학하고 보니까 / 입학하고 보면) 예상보다 공부할 것이 너무 많아서 놀랐다.

4) 새로 나온 컴퓨터가 성능이 좋다고 해서 샀는데 (사고 보니까 / 사고 보면) 가격에 비해서 성능이 뛰어난 것은 아닌 것 같다.

5) 무슨 일이든지 처음 할 때는 어렵게 느껴지지만 (시작하고 보니까 / 시작하고 보면) 생각보다 어려운 일이 아닐 때가 많다.

2. 알맞은 말을 골라 대화를 완성해 보세요.

| 깨다 | ⟨듣다⟩ | 받다 | 비우다 | 싸다 | 알다 |

1) 가: 제가 추천한 노래 들어 봤어요?
   나: 네. 노래를 <u>듣고 보니</u> 예전에 들어 본 노래더라고요.

2) 가: 온라인에서 사면 훨씬 저렴한데 왜 온라인 쇼핑을 안 해?
   나: 예전에 온라인 쇼핑을 해 봤는데 물건을 _____ 화면으로 보던 것과 완전히 다르더라고. 그렇게 몇 번 실패하고 나서부턴 온라인 쇼핑에 믿음이 안 가네.

3) 가: 왜 짐 가방을 다시 열어요?
   나: 짐을 _____ 너무 무거워서 좀 빼려고요.

4) 가: 저는 1등을 놓칠까 봐 항상 불안하고 스트레스를 많이 받아요.
   나: 욕심을 좀 내려놓는 게 필요해요. 마음을 _____ 훨씬 편안해질 거예요.

5) 가: 오늘은 평소보다 많이 늦었네. 무슨 일 있었어?
   나: 버스에서 잠깐 졸았는데 _____.

6) 가: 마이클 씨 성격이 어때요?
   나: 처음 만났을 때는 말이 없어서 차갑다는 인상을 주지만 _____.

3. 위 문법을 사용하여 이야기해 보세요.

- 어떤 사람과 친해진 후에 그 사람의 첫인상이 달라진 적이 있어요?
- 한국에서 생활하면서 한국 사람에 대해 새롭게 알게 된 사실이 있어요?
- 20대/30대/40대가 되고 이전과 달라진 점이 있나요?

어떤 사람과 친해진 후에 그 사람의 첫인상이 달라진 적이 있어요?

첫인상이 냉정해 보이는 사람도 친해지고 보면 마음이 따뜻한 경우가 많은 것 같아요. 지금 저랑 제일 친한 친구도 처음에는 차가워 보여서 친해질 거라고는 생각도 못 했어요. 그런데….

문법과 표현 ❷ 동/형 -은 나머지

1. 관계있는 것끼리 연결하고 문장을 완성해 보세요.

   1) 단것을 먹어 대다 • • 몸살이 나다
   2) 서운하다 • • 건강이 나빠지다
   3) 무리하게 운동을 하다 • • 컵을 깨뜨리다
   4) 너무 놀라다 • • 눈물이 나다
   5) 너무 늦게까지 놀다 • • 월요일부터 학교에 지각하다

   1) 스트레스를 받을 때마다 단것을 먹어 댄 나머지 건강이 나빠졌어요 .
   2) 친구들이 내 생일을 모르고 있어서 _____ .
   3) 준비 운동을 하지 않고 _____ .
   4) 커피를 마시다가 동생이 다쳤다는 연락을 받고 _____ .
   5) 일요일에 _____ .

2. 알맞은 말을 골라 대화를 완성해 보세요.

   | 긴장하다 기쁘다 (무리하다) 급하게 먹다 화가 나다 |

   1) 가: 목소리가 잘 안 들려요. 조금 크게 말해 주세요.
      나: 미안해요. 며칠 동안 회사 일로 무리한 나머지 목소리가 잘 나오지 않네요 .

2) 가: 오늘 약속이 있다고 해서 집에 늦게 올 줄 알았는데 일찍 왔네?
   나: 친구가 약속 시간이 한 시간이 지나도록 오지 않아서 _____.

3) 가: 말하기 대회에서 왜 울었어요?
   나: 1등으로 제 이름이 불린 순간 너무 _____.

4) 가: 오늘 공연 잘했어요? 많이 떨렸죠?
   나: 너무 떨렸어요. 첫 공연이라서 _____.

5) 가: 어젯밤에 무슨 일로 병원에 간 거예요?
   나: 어제 저녁을 _____.

3. 위 문법을 사용하여 이야기해 보세요.

긴장하다   기쁘다   스트레스를 받다

화가 나다   ?

> 중학교 때 학교 회장 선거에 나간 적이 있어요. 전교 학생들 앞에서 연설*을 해야 하는데 너무 긴장한 나머지 할 말을 잊어버렸어요. 몇 번 크게 숨을 쉰 뒤, 무사히 연설을 하기는 했지만 다시 떠올리고 싶지 않은 기억이에요.

연설: 여러 사람들 앞에서 자기의 주장이나 의견을 발표함.

어휘 Vocabulary

1. 알맞은 말을 골라 써 보세요.

> 결단력   기획력   분석력   추진력   ㉿친화력㉿

1)  저는 모르는 사람과도 금세* 친해지고 잘 어울려 놀아요. ➡ 친화력

2)  목표가 생기면 그 목표를 향해 나아가는 힘이 있어요. ➡

3)  결정적인 판단을 해야 할 때 당황하지 않을뿐더러 망설이지 않고 잘 판단해요. ➡

4)  어떤 복잡한 문제가 생겨도 문제를 단순하게 나누어 정확하게 파악할 수 있어요. ➡

5)  저는 어떤 일에 대해 아이디어를 내고 계획하는 능력이 뛰어나다고 생각해요. ➡

2. 알맞은 말을 골라 문장을 완성해 보세요.

> 낙관적   논리적   ㉿비관적㉿   외향적   주도적   즉흥적   협조적

1) 그는 인생을 살아가면서 느끼는 즐거움이 없다고 생각하는 <u>비관적인</u> 사람이다.

📝 금세: 시간이 얼마 지나지 않아 바로.

2) 처음에는 남편이 하고자 하는 일에 강하게 반대했던 아내가 이제는 누구보다도 남편에게 _____ 사람이 되었다.

3) 내 제일 친한 친구는 내향적이고 소극적인 데 반해 나는 _____ 적극적이다. 그래서 많은 사람들이 우리 둘이 붙어 다니는 걸 신기하게 생각한다.

4) 그녀의 얼굴에 웃음이 가득한 걸 보면 이번 선거 결과를 _____ 보고 있는 게 분명하다.

5) 이 세상에는 신비로운 일, 즉 _____ 쉽게 설명할 수 없고 이해하기 어려운 일이 많이 있다.

6) 학원이나 과외에만 의지하면 _____ 공부하기 어려우므로 결국 혼자서는 공부를 못 하게 된다.

7) 요즘 아무 준비 없이 _____ 연주하는, 자유로운 형식의 재즈 음악을 좋아하는 사람이 점점 늘고 있다.

3. 빈칸에 공통적으로 들어갈 말을 골라 알맞게 써 보세요.

| 신중하다 | 덜렁대다 | 소심하다 | 우유부단하다 |

1) 진로에 대해서는 급하게 결정하기보다 시간을 두고 _신중하게_ 생각할 필요가 있다.
   회사를 운영할 때는 사람을 뽑는 일에 _신중해야_ 한다.

2) 그 아이는 _____ 무슨 일에든 깜짝깜짝 잘 놀라고 다른 사람의 눈치를 많이 본다.
   그날 겉으로는 대범한 척, 아무 일도 없는 척했지만 _____ 나는 마음이 초조하고 불안하여 책 한 장도 읽지 못했다.

3) 동생이 아까부터 _____ 결국 지갑을 차에 놓고 내렸다.
   그는 직장 상사로부터 _____ 말고 일을 좀 꼼꼼하게 하라고 지적을 받곤 한다.

4) 나는 어떤 일을 결정할 때 오래 걸리고 망설이기만 해서 _____ 소리를 많이 듣는다.
   내 친구는 이러지도 저러지도 못하는 자기의 _____ 성격이 정말 싫다고 했다.

문법과 표현 3 동-어 내다

1. 다음을 읽고 위 문법을 사용하여 말해 보세요.

1) 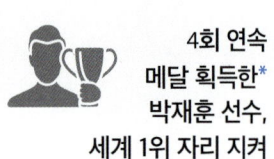 4회 연속 메달 획득한* 박재훈 선수, 세계 1위 자리 지켜

 박재훈 선수가 4회 연속 메달을 획득하며 세계 랭킹 1위 자리를 지켜 냈습니다.

2)  김영주 교수 팀, 노화의 주된* 원인 밝혀

3) 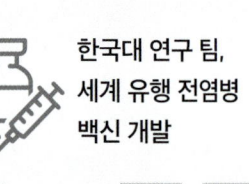 한국대 연구 팀, 세계 유행 전염병 백신 개발

4)  동물 보호 단체, 멸종 위기종 큰부리새 서식지 발견

5)  김민수 선수, 올해 마지막 경기 상대 팀 다섯 골 모두 막아

획득하다: 얻어 내어 가지다.　**주되다**: 중심이 되다.

2. 알맞은 말을 골라 문장을 완성해 보세요.

| 개발하다 | 밝히다 | 살리다 | (이기다) | 이루다 |

1) 그는 이별의 슬픔을 _이겨 내기_ 위해 일에만 집중하기로 했다.

2) 세계 여러 나라는 대체 에너지를 _____ 노력하고 있다.

3) 한국은 짧은 시간 내에 놀라운 경제 발전을 _____.

4) 죽어 가는 사람을 _____ 때 의사로서 가장 큰 보람과 자부심*을 느낍니다.

5) 많은 과학자들은 치매*의 원인을 _____ 위해 오늘도 연구를 계속하고 있다.

3. 위 문법을 사용하여 다음의 위인들이 한 일에 대해 말하고 여러분이 알고 있는 위인에 대해서도 이야기해 보세요.

세종 대왕 | 베토벤 | 헬렌 켈러 | ?

세종 대왕이 만든 한글은 세계적으로 과학적인 글자라고 인정을 받는데요. 세종 대왕은 한글을 완성해 내기까지 매우 많은 노력을 했다고 해요. 한글을 만드는 데 몰두한 나머지 건강도 안 좋아졌는데 그런 어려움도 이겨 내고 완성했대요.

자부심: 스스로 자신의 가치나 능력을 믿고 당당히 여기는 마음.　**치매**: 지능, 기억 등을 잃어버리는 병.

문법과 표현 4 동-는다면, 형-다면, 명이라면

1. 관계있는 것끼리 연결하고 문장을 완성해 보세요.

   1) 언니는 느긋한 편이다 • — • 평양냉면은 간이 세지 않다

   2) 나는 이성적*인 편이다 • • 나는 성격이 급한 편이다

   3) 추진력이 나의 강점이다 • • 꼼꼼하지 못한 것은 보완해야 할 점이다

   4) 함흥냉면은 고추장 양념 맛이 강하다 • • 파란색은 냉정을 상징하다

   5) 작년에 전염병 유행으로 경제 상황이 안 좋았다 • • 남편은 감정적이다

   6) 빨간색이 열정을 의미하다 • • 올해는 백신 개발로 경제 상황이 나아지다

   1) <u>언니는 느긋한 편이라면 저는 성격이 급한 편이라서</u> 만날 때마다 자주 싸우게 돼요.

   2) _____ 서로 부족한 점을 채워 줄 수 있어요.

   3) _____ 고치려고 노력하고 있어요.

   4) _____ 평양냉면이 제 입에 더 잘 맞아요.

   5) _____ 다행이라는 생각이 들어요.

   6) _____ 등 색깔마다 다른 의미를 가지고 있어요.

   *이성적: 올바른 가치와 지식을 가지고 논리에 맞게 생각하고 판단하는 능력을 따르거나 바탕으로 하는 (것).

2. 다음과 같이 문장을 완성해 보세요.

1) 예전 드라마가 <u>내용이 뻔했다면</u> 요즘 드라마는 <u>내용을 예측하기 어렵다</u>.
   (내용이 뻔했다)

2) 한국 음식이 _____ 우리 나라 음식은 _____.
   (매운 음식이 많다)

3) 한국 날씨가 _____ 우리 나라 날씨는 _____.
   (사계절이 뚜렷하다)

4) 동생이 _____ 형은 _____.
   (외향적인 편이다)

5) 작년에 _____ 올해는 _____.
   (집에 있는 시간이 많았다)

3. 위 문법을 사용하여 다음 주제에 대해 이야기해 보세요.

- 우리 나라의 지역별 음식
- 한국과 우리 나라의 물가
- 나와 친구의 성격
- 작년과 올해 나의 상황
- ?

우리 나라 북부 지역의 음식이 좀 싱겁다면 남부 지역의 음식은 짠맛이 강한 편이에요. 예를 들면….

8

직업의 미래

- **8-1** 평생 직업
- **8-2** 변화하는 직업

8-1	어휘	직업 선택의 조건, 취업 준비
	문법과 표현	명이자 명 동-는 것을 계기로, 명을 계기로
8-2	어휘	능력이나 성질, 미래 사회와 유망 직업
	문법과 표현	동형-기도 하고 동형-기도 하다 동-는 바 있다/없다

어휘 Vocabulary

1. 밑줄 친 부분과 의미가 같은 말을 골라 알맞게 써 보세요.

> ⟨안정적이다⟩   근무 분위기가 자유롭다   복지가 잘되다
> 사회적으로 인정받다   자아실현을 하다

1) 지금은 비정규직으로 일하고 있지만 정년이 보장된 정규직 사원이 되고 싶어요. 그래서 요즘 해고될* 걱정 없이 오랫동안 일할 수 있는 직장을 찾는 중이에요.
   ➡ 안정적인

2) 제 직장은 제 꿈을 이루어 가는 곳이라고 할 수 있어요.
   ➡ _____

3) 저는 일하는 곳의 환경이 중요하다고 생각해요. 일할 때 마음이 편하고 규칙이 엄격하지 않은 곳에서 일하고 싶어요. ➡ _____

4) 저는 사회적 지위를 중요하게 생각해서 사회에서 사람들이 알아주는 직업을 갖고 싶어요.
   ➡ _____

5) 북유럽 국가처럼 연봉도 높고 휴가, 보험 등 직원의 행복한 삶을 위한 여러 제도가 잘 마련되어 있는 직장에서 일했으면 해요. ➡ _____

2. 알맞은 말을 골라 대화를 완성해 보세요.

> 경력을 쌓다   기회로 삼다   높은 학점을 받다   능력을 개발하다
> 시간을 들이다   외국어 실력을 쌓다   자격증을 따다   ⟨전문성을 갖추다⟩

1) 가: 회사를 그만둔다면서요? 무슨 일 있어요?
   나: 제가 하는 일에 좀 더 __전문성을 갖추고__ 싶어서요. 제 분야의 전문적인 지식을 쌓기 위해 대학원에 가기로 했어요.

📝 해고되다: 일하던 사람이 일하는 곳에서 내보내지다.

2) 가: 요즘 왜 이렇게 바빠요? 퇴근하기가 무섭게 매일 어딜 그렇게 가요?
    나: 자격증 시험을 준비하느라 학원에 다니고 있어요. 업무와 관련된 _____ 승진하는 데에 도움이 될 것 같아서요.

3) 가: 대학교 때 열심히 공부해서 _____ 학교 다닐 때는 장학금을 탈 수 있어 좋고 졸업 후에는 원하는 곳에 쉽게 취직할 수 있어서 좋더라. 너도 열심히 공부해 봐.
    나: 나도 형처럼 하고 싶은데 점수 잘 받기가 쉽지 않아.

4) 가: 아이디어 회의는 여기까지 하는 게 어떨까요? 고민하는 데 _____ 더 이상 좋은 아이디어가 떠오를 것 같지 않아요. 벌써 다섯 시간이나 회의했어요.
    나: 좋습니다. 다들 밖에 나가서 바람도 좀 쐬고 기분 전환도 하면서 아이디어를 찾아 보세요.

5) 가: 여러 가지 일을 한 경험이 많으면 취직하는 데 도움이 되겠지요?
    나: 당연하지. 나도 대학교 다닐 때 _____ 아르바이트도 하고 인턴으로 일하기도 했어.

6) 가: 저를 믿고 많이 도와주셨는데 정말 죄송해요.
    나: 나한테 미안해할 것 없다. 오히려 이번 실패가 기회가 될 수도 있어. 실패의 원인을 잘 분석해서 네가 더 발전할 수 있는 _____ .

7) 가: 저도 손지성 선수처럼 외국에 있는 프로 축구단에 입단해서* 국제 무대에서 훌륭한 선수로 뛰는 게 꿈이에요.
    나: 그렇게 되고 싶으면 축구 실력도 좋아야 하지만 _____ 것도 중요해. 말이 통해야 감독이 지시하는 내용도 잘 알아듣고 다른 선수들과도 빨리 친해지지. 외국어를 못해서 적응이 안 돼 결국 다시 돌아오는 선수들도 있어.

8) 가: 교수 평가제로 인해 교수들이 강의는 뒤로하고 연구에만 몰두한다고 하던데요.
    나: 교수 평가가 너무 연구 위주로 이루어져서 그렇습니다. 교수는 학생을 잘 가르치는 게 우선이죠. 학생들이 관심을 가지고 강의를 들을 수 있도록 교수들은 강의 _____ 데 힘써야 합니다.

입단하다: 어떤 단체에 가입하다.

문법과 표현 1   명이자 명

1. 다음과 같이 문장을 완성해 보세요.

    1) <u>민수</u> 는 <u>나의 친한 친구이자 한국어 선생님이다</u>.
       (친한 친구, 한국어 선생님)

    2) _____ 은/는 나의 _____.
       (장점, 단점)

    3) _____ 은/는 인기 있는 _____.
       (가수, 작곡가)

    4) _____ 은/는 유명한 _____.
       (유적지, 관광지)

    5) _____ 은/는 그때가 _____.
       (처음, 마지막)

2. 다음과 같이 대화를 완성해 보세요.

    1) 가: 저 사람은 감독이라고 했던 것 같은데 배우로 출연하네요?
       나: 원래 배우였는데 이번에 감독으로 데뷔하면서 자기 영화에 출연도 한 거예요. <u>감독이자 배우인 셈이죠</u>.
       (감독, 배우)

    2) 가: 아들, 졸업 축하한다. 졸업은 _____. 오늘 학생으로서의 생활은
       (끝, 시작)
       끝나지만 사회인으로서는 첫출발을 하는 셈이니까.
       나: 에이, 아빠. 다음 달부터 회사에 나가니까 그때가 사회인으로서의 첫출발 아닐까요? 그때까지는 친구들하고 신나게 놀고 싶은데 용돈 좀 주시면 안 돼요?

3) 가: 경제가 어려워도 너무 어렵네. 장사*가 안돼서 어떻게 해야 할지 모르겠어.

   나: 어휴, 어쩌겠어. 그래도 어려움 속에 항상 기회가 있기 마련이라고 하잖아. 지금이 _____ 생각하고 같이 힘내자.
   (위기, 기회)

4) 가: 카페에서의 일회용 컵 사용을 금지해야 한다고 생각합니다.

   나: 저도 같은 의견입니다. 일회용 컵을 지나치게 많이 사용해서 쓰레기가 늘어나면 결국 개인에게도 좋지 않습니다. 즉 일회용 컵을 사용하지 않는 것은 _____.
   (지구를 위한 일, 자기 자신을 위한 일)

5) 가: 수진 씨는 어쩌면 그렇게 열심히 살아요? 아침에는 학교에서 수업 듣고 또 도서관 가고 저녁에는 아르바이트하고요. 정말 대단한 것 같아요.

   나: 대단하기는요. 대학 졸업하고 취직해서 가족과 함께 행복하게 사는 게 제 _____. 그 꿈을 생각하면 힘든 줄 모르고 열심히 살게 돼요.
   (목표,   )

3. 위 문법을 사용하여 다음 주제에 대해 이야기해 보세요.

친구　　　　가족　　　　직업　　　　고향　　　　?

_____ 씨에게 친구는 어떤 의미예요?

친구는 제게 가장 소중한 사람이자 함께 추억을 만들어 나가는 사람이에요.

장사: 물건을 파는 일.

문법과 표현 ❷   동-는 것을 계기로, 명을 계기로

1. 알맞은 말을 골라 대화를 완성해 보세요.

| 교통사고 | 다큐멘터리 | 동창 모임 | 봉사 활동 | 한국 친구 |

1) 가: 앞으로는 학교 앞에서 운전할 때 조심해야 한대요.
   나: 네. <u>얼마 전에 교통사고가 일어난 것을 계기로</u> 법이 더 엄격해져서 우회전할 때도 더 조심해야 돼요.

2) 가: 어떻게 고래 보호 활동을 시작하게 됐어요?
   나: 우연히 텔레비전에서 _____ 고래 보호 활동에 참여하게 됐어요.

3) 가: 왜 한국어를 공부하게 됐어요?
   나: _____ 한국어에도 관심이 생겨서 공부하게 됐어요.

4) 가: 처음부터 사회 복지사가 되고 싶었어요?
   나: 아니요. 우연히 하게 된 _____ 더 많은 사람들을 도와주고 싶어서 이 일을 직업으로 하게 되었어요.

5) 가: 오랜만에 모임에 나왔네. 이번 _____ 앞으로 더 자주 만났으면 좋겠어.
   나: 그래. 자주 보자.

2. 다음과 같이 대화를 완성해 보세요.

1) 가: 히엔 씨 나라에서는 원래부터 축구가 이렇게 인기가 많았어요?
   나: 아니에요. 원래는 인기가 없었지만 <u>월드컵에서 선수들이 좋은 결과를 얻은 것을 계기로 국민들이 축구에 관심을 갖게 됐어요</u>. (월드컵에서 선수들이 좋은 결과를 얻다)

2) 가: 오랜 무명* 시절을 거치신 것으로 알고 있는데요. 언제부터 사람들에게 알려지기 시작했습니까?
   나: 네. 저는 긴 시간 동안 무명 배우였는데요. _____.
   (조연으로 출연한 영화가 크게 흥행하다)

> **무명**: 이름이 널리 알려지지 않음.

3) 가: 말하기 대회에서 1등을 하셨는데 원래 사람들 앞에서 이야기를 잘하셨습니까?

   나: 아닙니다. 원래는 사람들 앞에서 말하는 것을 부끄러워했는데 _____.

   (말하기 대회에 나가다)

4) 가: 안전 관리 우수 학교로 뽑힌 비결은 무엇입니까?

   나: 몇 년 전 안전의 중요성을 깨닫게 된 사건이 있었는데요. _____.

   (누전*으로 인해 불이 나다)

5) 가: 말씀을 들어 보니 한국에서 정말 재미있게 지내시는 것 같은데요. 한국에 처음 왔을 때부터 적응을 잘하셨나요?

   나: 아니에요. 처음에는 적응을 못해서 힘들었지만 _____.

   (_____)

3. 위 문법을 사용하여 다음 주제에 대해 이야기해 보세요.

즐겨 하는 운동　　　연인과의 만남　　　반려동물　　　봉사 활동　　　?

즐겨 하는 운동이 뭐예요? 어떤 일을 계기로 그 운동을 시작하게 됐어요?

저는 태권도를 좋아해서 시간이 있으면 태권도 학원에 가요. TV에서 태권도 공연을 본 것을 계기로 태권도를 배우기 시작했어요.

누전: 전기가 새어 흐름.

어휘 Vocabulary

1. 알맞은 말을 골라 써 보세요.

감수성   인간성   창의력   문제 해결 능력   비판적 사고력   정보 처리 능력
---

1) 남편은 드라마를 보다가 슬픈 장면이 나올 때마다 눈물을 흘려요.
→ 감수성

2) 우리 과장님은 업무 중에 문제가 생기면 적절하게 잘 해결하세요.
→

3) 미래에는 필요한 정보를 수집하고 분석해서 활용하는 능력이 필요해요.
→

4) 전쟁 시에는 사람들이 인간다움을 지키며 살기 어려워요.
→

5) 어떤 주장을 그대로 받아들이기보다 스스로 생각해서 옳고 그름을 판단할 줄 알았으면 해요.
→

6) 단순히 배운 내용을 암기하는 수업이 아니라 새로운 것을 생각해 내는 힘을 키워 주는 수업을 원해요.
→

2. 밑줄 친 부분과 의미가 같은 말을 골라 알맞게 써 보세요.

무인 장비   보건 분야   인공 지능   첨단 기술
기술이 인간을 대신하다   반복적인 업무를 하다   육체노동을 하다
---

1) <u>수준이 높은 과학 기술을</u> 통해 한옥을 짓는 데 드는 건축비가 줄고 공사가 더 편리해졌다.
→ 첨단 기술을

2) 인간처럼 스스로 생각하고 결정을 내릴 수 있는 로봇과 함께 살아갈 날이 곧 올 것 같다.
➡

3) 병을 예방하거나 치료하여 사람의 건강과 생명을 보호하는 일을 하는 분야의 직업으로는 약사, 간호사,
➡
상담사, 영양사 등이 있다.

4) 직장에서 매일 같은 일을 되풀이하기* 때문에 싫증이 날 때도 있다.
➡

5) 인간이 하던 일을 기술을 사용해서 하게 되면 사람들이 더 이상 위험하고 어려운 일을 하지 않아도 된다는
➡
점에서 좋을 것 같다.

6) 요즘 판매하는 사람은 없이 기계만 갖춰 놓은 아이스크림 가게가 많이 늘었다.
➡

7) 몸을 움직여 일해서 살아가는 그는 몸이 아파도 쉬는 것은 생각도 못 한다.
➡

3. 빈칸에 공통적으로 들어갈 말을 골라 알맞게 써 보세요.

> 대체하다   (예상되다)   유망하다   전망하다

1) 올해는 추석 연휴가 짧아 아주 심한 교통 체증이 예상된다 .
밤사이 폭우가 예상되므로 주의가 필요하다는 안전 안내 문자를 받았다.

2) 그 사람은 _____ 알려진 기업에 많은 돈을 투자했다.
그는 _____ 신인이었지만 부상 이후 실력을 발휘하지 못하고 있다.

3) 일기 예보에서 당분간 따뜻한 날씨가 이어질 것으로 _____.
경제 전문가들은 그 회사의 미래가 매우 밝다고 _____ 있다.

4) 몸이 아파 시험을 보지 못한 학생에게 시험을 과제로 _____ 줬다.
로봇이 아무리 발달한다고 해도 인간을 완전히 _____ 것은 불가능하다고 생각한다.

되풀이하다: 같은 말이나 일을 자주 하다.

문법과 표현 3 — 동형-기도 하고 동형-기도 하다

1. 관계있는 것끼리 연결하고 문장을 완성해 보세요.

1) 문법 공부 • — • 실업률*이 높아지다, 물가가 인상되다

2) 직업 • • 바로 취업하다, 대학교에 진학하다

3) 졸업하는 학생들 • • 더 춥다, 종종 폭설이 내리다

4) 지난겨울 • • 흥미롭다, 어렵다

5) 작년 • • 사라지다, 새롭게 생기다

1) 한국어를 배우면 배울수록 <u>문법 공부는 흥미롭기도 하고 어렵기도 하다</u>.

2) 세월이 흐르면서 _____.

3) 특성화 고등학교*를 _____.

4) 예년*에 비해 _____.

5) 경제 상황이 안 좋아지면서 _____.

실업률: 직업이 없는 사람이 차지하는 비율.   **특성화 고등학교**: 특정한 과목을 집중적으로 학습할 수 있는 고등학교.
예년: 보통의 해.

2. 다음과 같이 대화를 완성해 보세요.

1) 가: 큰 무대에서 공연하면 긴장되지 않아요?
   나: 무대가 커서 긴장되기도 하고 관객들을 보며 힘을 얻기도 해요.

2) 가: 번지 점프를 해 보니 어떠세요? 너무 높아서 무섭지요?
   나: _____.

3) 가: 마지막 학기 시험이 끝나면 홀가분하겠지*?
   나: _____.

4) 가: 여자 친구랑 데이트할 때 보통 뭐 해? 너희도 영화 자주 봐?
   나: _____.

5) 가: 지난 방학에 제주도 여행할 때 어디 갔어? 한라산에도 올라가 봤어?
   나: _____.

3. 위 문법을 사용하여 이야기해 보세요.

- 세계에서 가장 돈이 많은 사람이 된다면 어떨 것 같아요?
- 취업하기 위해 보통 뭘 준비해요?
- 여가 시간에는 뭘 하며 시간을 보내요?

세계에서 가장 돈이 많은 사람이 된다면 어떨 것 같아요?

세계에서 가장 돈이 많은 사람이 된다면 뭐든지 할 수 있어 좋기도 하고 돈이 너무 많아서 불안할 것 같기도 해요.

*홀가분하다: 신경이 쓰이거나 귀찮지 않고 가볍고 편안하다.

문법과 표현 4 동-는 바 있다/없다

1. 알맞은 말을 골라 문장을 완성해 보세요.

> 개설하다   논의되다   밝혀지다   (수상하다)   전망하다

1) 피아니스트 지누 씨는 다섯 살 때 피아노 경연* 대회에 참가하고 여섯 살에 전국 경연 대회에서 대상을 <u>수상한 바 있어</u> 어릴 때부터 주목을 받았습니다.

2) 우리 학교에서는 1년 전에 학생들의 한국어 실력 향상을 돕고자 일대일 수업을 _____ 학생들의 참여도가 높지 않아 지금은 중단된 상태입니다.

3) 경제학자들은 금리*가 계속해서 인상될 것이라고 _____.

4) 지금 유행하는 질병의 원인이 아직 _____ 그 원인을 찾고자 노력하고 있습니다.

5) 사장님이 회의 중에 사업 확장* 의지를 밝히자 지금까지 이 일은 한 번도 _____ 모두가 당황했습니다.

2. 다음을 읽고 위 문법을 사용하여 말해 보세요.

1) 외국인이 가장 선호하는 한국 여행지, 제주도가 1위 차지해

제주도는 외국인이 가장 선호하는 한국 여행지를 묻는 설문 조사에서 여러 차례 1위를 차지한 바 있습니다.

2)  성공한 사업가 최준호 씨, 매우 가난한 어린 시절 보내

최준호 씨는 지금은 성공한 사업가지만 _____.

 경연: 개인이나 단체가 모여 예술 실력 등을 겨룸.　**금리**: 빌려준 돈이나 예금 등에 붙는 이자. 또는 그 비율.
확장: 범위, 규모 등을 늘려서 넓힘.

3)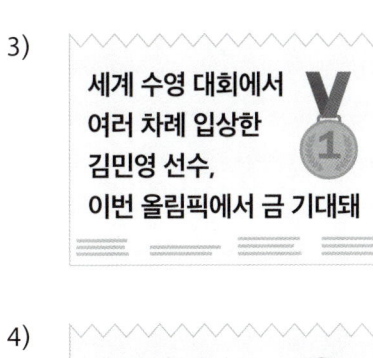
김민영 선수가 이번 올림픽에서 금메달을 딸 것으로 기대되고 있습니다.

4)
박기범 의원은 기자의 질문에 _____.

5) 시나리오 작가 출신 배우 박민환, 남우 주연상 수상
이번에 남우 주연상을 수상한 배우 박민환 씨는 배우가 되기 전에 _____.

3. 위 문법을 사용하여 여러분이 알고 있는 유명한 사람에 대해 친구에게 설명해 보세요. 친구는 그 사람이 누구인지 알아맞혀 보세요.

가수   배우   감독   대통령   ?

제가 설명하고 싶은 사람은 가수입니다. 이 가수는 국내외를 막론하고 인기가 있는 그룹입니다. 이 가수는 수많은 음악 시상식에서 수상한 바 있습니다. 또 UN에서 전 세계 청년들을 위해 연설한 바 있습니다. 그리고….

아! 저 누군지 알아요!

복습 4

어휘 Vocabulary

▶ 정리하기

✏️ 다음에서 알고 있는 어휘에 ✔ 해 보세요.

7-1과

경청하다 ☐	어색함을 느끼다 ☐	무리한 요구를 하다 ☐
공감하다 ☐	취향이 비슷하다 ☐	공통의 관심사를 갖다 ☐
존중하다 ☐	남의 눈치를 보다 ☐	관계를 맺다/끊다/유지하다 ☐
대화에 끼다 ☐	과장되게 행동하다 ☐	부자연스러운 모습을 보이다 ☐
자존감이 높다 ☐	대화를 이어 나가다 ☐	있는 그대로 드러내다/받아들이다 ☐
문제를 회피하다 ☐	뒤에서 험담을 하다 ☐	

7-2과

결단력 ☐	내향적 ☐	협조적 ☐
기획력 ☐	논리적 ☐	대범하다 ☐
분석력 ☐	비관적 ☐	덜렁대다 ☐
추진력 ☐	외향적 ☐	소심하다 ☐
친화력 ☐	주도적 ☐	신중하다 ☐
낙관적 ☐	즉흥적 ☐	우유부단하다 ☐

8-1과

안정적 ☐	복지가 잘되다 ☐	정년이 보장되다 ☐
정규직/비정규직 ☐	시간을 들이다 ☐	높은 학점을 받다 ☐
연봉/월급/성과급/수당 ☐	자격증을 따다 ☐	외국어 실력을 쌓다 ☐
경력을 쌓다 ☐	능력을 개발하다 ☐	공모전에서 입상하다 ☐
기회로 삼다 ☐	자아실현을 하다 ☐	사회적으로 인정받다 ☐
인턴을 하다 ☐	전문성을 갖추다 ☐	근무 분위기가 자유롭다 ☐

8-2과

감수성 ☐	4차 산업 혁명 ☐	전망하다 ☐
인간성 ☐	비판적 사고력 ☐	대체 불가능하다 ☐
창의력 ☐	문제 해결 능력 ☐	육체노동을 하다 ☐
무인 장비 ☐	정보 처리 능력 ☐	기술이 인간을 대신하다 ☐
인공 지능 ☐	의료/보건/환경/예술 분야 ☐	반복적인/단순한 업무를 하다 ☐
첨단 기술 ☐	유망하다 ☐	

평가하기

[1~5] 다음 ( )에 들어갈 가장 알맞은 것을 고르세요.

1. 그 소설에서는 우유부단한 남편의 성격이 (   ) 있는 아내의 성격과 잘 대비되어 나타난다.

   ① 기획력　　② 결단력　　③ 친화력　　④ 분석력

2. 기업인들은 인공 지능 관련 산업을 21세기를 이끌 (   )인 산업으로 전망하고 있다.

   ① 주도적　　② 즉흥적　　③ 협조적　　④ 내향적

3. 가: 항공기* 승무원*은 비행기를 자주 타야 하는 직업이라 좀 위험하고 힘들 것 같아요.
   나: 네. 그래서 위험 (   )을 받는다고 들었어요.

   ① 연봉　　② 월급　　③ 수당　　④ 성과급

4. 가: 교육이란 새로운 것을 생각해 낼 줄 아는 능력, 즉 (   )을 기르고 자기의 소질을 찾을 수 있도록 도와주는 힘이 되어야 한다고 생각해요.
   나: 맞아요. 그런데 요즘은 다들 교육을 성공을 위한 수단으로만 생각하는 것 같아요.

   ① 창의력　　② 사고력　　③ 감수성　　④ 인간성

5. 어떻게 해서라도 계약을 하려고 했는데 (   ) 상대의 말을 받아들일 수 없어 그 자리에서 나오고 말았다.

   ① 취향이 비슷한　　　　② 남의 눈치를 보는
   ③ 무리한 요구를 하는　　④ 공통의 관심사를 갖는

항공기: 사람이나 물건을 싣고 비행하는 교통수단.　　**승무원**: 비행기, 기차 등에서 운행이나 승객과 관련된 일을 하는 사람.

복습 4　161

[6~10] 다음 밑줄 친 부분과 의미가 비슷한 것을 고르세요.

6.
토론을 할 때에는 상대방을 <u>높이고 귀하게 대하는</u> 태도를 가져야 한다.

① 요구하는 ② 개발하는
③ 대신하는 ④ 존중하는

7.
그의 이야기가 별로 재미없는지 사람들은 <u>귀 기울여 듣지</u> 않는 듯했다.

① 공감하지 ② 경청하지
③ 어색하지 ④ 드러내지

8.
당장의 연봉이 높은 직업보다는 장래가 <u>어려움이 없도록 보호되는</u> 직업을 선택하는 게 더 낫다.

① 처리되는 ② 반복되는
③ 실현되는 ④ 보장되는

9.
그는 어렸을 때부터 세계적인 피아노 대회에서 여러 차례 <u>상을 받는 등수*</u>에 들었다.

① 입상했다 ② 인정했다
③ 비판했다 ④ 행동했다

10.
그는 <u>앞으로 잘될 것이라고 전망되는</u> 신인이었지만 주변 사람에게 함부로 대하는 모습이 알려지면서 대중의 관심에서 멀어지게 되었다.

① 대범한 ② 유망한
③ 외향적인 ④ 낙관적인

등수: 등급에 따라 정한 차례.

[11~13] 다음 (   )에 공통적으로 들어갈 단어를 고르세요.

11.
- 여러분의 (   ) 없이는 이 일을 해결할 수 없습니다.
- 경찰은 택시 기사의 적극적인 (   )(으)로 범인을 잡을 수 있었다.
- 그동안 (   )을/를 아끼지 않고 도와주신 여러분께 진심으로 감사드립니다.

① 협조　　　② 추진　　　③ 분석　　　④ 논리

12.
- 그녀는 곤란한 질문을 받자 대답을 (   ).
- 그는 늘 어려운 일에 맞서지 않고 (   ) 편이다.
- 나쁜 상사의 유형을 묻는 설문 조사에서 책임을 (   ) 유형이 1위를 차지했다.

① 험담하다　　　② 유지하다　　　③ 대화하다　　　④ 회피하다

13.
- 아직 젊으니까 (   ) 길로만 가기보다는 모험을 즐기고 싶다.
- (   ) 직장에 대한 선호가 늘면서 공무원의 인기가 점점 높아지고 있다.
- 외동아이*는 경쟁해야 하는 형제자매가 없기 때문에 비교적 (   ) 환경에서 자랄 수 있다.

① 비관적인　　　② 안정적인　　　③ 창의적인　　　④ 전문적인

[14~15] 밑줄 친 부분이 어색한 것을 고르세요.

14.
① 두 사람은 쌍둥이인데 취향이 비슷한 게 하나도 없다.
② 사람들과 좋은 관계를 맺으려면 서로를 존중해야 한다.
③ 부모에게 충분히 사랑받지 못하고 자란 중고생들은 자존감이 높을 확률이 크다.
④ 헤어진 여자 친구와 이야기를 나누는 것이 불편했지만 어쩔 수 없이 대화를 이어 나갔다.

15.
① 그는 매사*에 신중하여 무리하게 일을 진행하지 않는다.
② 덜렁대지 말고 차분하게 일을 처리하는 습관을 길러 보자.
③ 그 아이는 무슨 일에든 깜짝깜짝 놀라고 대범하게 행동한다.
④ 이러지도 저러지도 못하는 나의 우유부단한 성격을 고치고 싶다.

외동아이: 형제자매가 없는 아이.　　매사: 하나하나의 모든 일.

문법과 표현
Grammar & Expression

▶ 정리하기

✎ 다음에서 알고 있는 문법과 표현에 ✔ 해 보세요.

7-1과

| 동-고 보다 | ☐ 지하철을 급하게 **타고 보니** 반대 방향이었어요. |
| 동형-은 나머지 | ☐ 금메달을 수상하게 되어 너무 **기쁜 나머지** 울어 버렸어요. |

7-2과

| 동-어 내다 | ☐ 어떻게 물에서 에너지를 **만들어 낼** 수 있는지 궁금합니다. |
| 동-는다면, 형-다면, 명이라면 | ☐ 우리 팀은 수비를 잘하는 것이 **강점이라면** 공격력이 부족한 것은 약점이라고 할 수 있습니다. |

8-1과

| 명이자 명 | ☐ 그 사람은 현재 **가수이자 배우로** 활동하고 있어요. |
| 동-는 것을 계기로, 명을 계기로 | ☐ 그는 동생의 **죽음을 계기로** 늦은 나이에 의학 공부를 시작하여 의사가 되었다. |

8-2과

| 동형-기도 하고 동형-기도 하다 | ☐ 미래의 일을 상상하면 **두렵기도 하고 기대가 되기도 해요**. |
| 동-는 바 있다/없다 | ☐ 김빛나 씨는 잘못을 인정하고 자신의 SNS에 사과문을 **올린 바 있습니다**. |

▶ 평가하기

[1~2] 다음 (   )에 들어갈 가장 알맞은 것을 고르세요.

1.
친구가 자기 회사 동료를 소개해 줬다. 처음 봤을 땐 몰랐는데 (   ) 어릴 때 같은 동네에 살았던 적이 있었다.

① 이야기를 나누더라도 ② 이야기를 나누고 보니
③ 이야기를 나누는 바람에 ④ 이야기를 나누기가 무섭게

2.

이번 달에 친구 결혼식도 있고 친척 장례식도 있어서 돈 쓸 일이 많았다. 그래서 돈을 너무 많이 ( ) 옷 한 벌 살 돈도 남지 않았다.

① 쓴 김에　　　　　　　　　② 쓰다 보면
③ 쓴 나머지　　　　　　　　④ 쓴 대신에

[3~4] 다음 밑줄 친 부분과 의미가 비슷한 것을 고르세요.

3.

오늘은 내 생일이자 내 딸의 생일이다. 나는 내 생일날에 딸을 낳았다.

① 내 생일이면서　　　　　　② 내 생일이라서
③ 내 생일 덕분에　　　　　　④ 내 생일을 통해서

4.

그는 사업에 실패한 것을 계기로 다시 새롭게 시작하여 성공한 바 있다.

① 성공할 것이다　　　　　　② 성공한 적이 있다
③ 성공하기 십상이다　　　　④ 성공하기도 하고 실패하기도 했다

[5~7] 알맞은 표현을 골라서 대화를 완성하세요.

> -는다면　　　-어 내다　　　을 계기로　　　-기도 하고 -기도 하다

5. 가: 고향에 돌아간다면서요? 좋지요?

　　나: _____. 고향에 가서 부모님을 만날 생각을 하면 기쁘고 그동안 사귄 친구들과 헤어질 생각을 하면 섭섭해요.

6. 가: 나나 씨는 남편과 성격이 비슷해요?

　　나: 제가 성격이 급하고 화가 났을 때도 참지 못하고 바로 화를 _____ 남편은 뭐든지 느긋하게 하고 감정의 변화가 별로 없이 언제나 잔잔한* 편이에요.

7. 가: 민우 씨, 기분이 좋아 보이네요. 좋은 일이 있나 봐요.

　　나: 우리 팀이 몇 개월 동안 노력해서 드디어 신제품을 _____. 일이 좀 힘들지만 이럴 때 보람을 느껴요.

잔잔하다: 태도 등이 차분하다.

듣기 Listening

[1] 다음을 듣고 질문에 답하세요.

1. 남자는 무엇을 하고 있는지 고르세요.
   ① 유명 저자 인터뷰
   ② 도서 소개 및 추천
   ③ 미술 심리 상담 설명
   ④ 그림 잘 그리는 법 소개

[2~3] 다음 대화를 듣고 질문에 답하세요.

2. 무엇에 대해 이야기하고 있는지 고르세요.
   ① 적성 테스트의 장단점
   ② 적성에 맞는 직업을 찾는 방법
   ③ 좋은 직업을 찾는 데 필요한 조건
   ④ 미래가 확실하지 않은 학생들의 문제점

3. 직업 적성 테스트의 방법으로 알맞은 것을 고르세요.
   ① 자신이 좋아하는 것을 적을 때 최대한 깊이 생각해야 한다.
   ② 모든 과정을 마친 후에 장점이 많은 직업을 선택하면 된다.
   ③ 자기가 원하는 직업의 단점만 자세히 살펴보고 결정하면 된다.
   ④ 좋아하는 것을 고를 때 이것저것 따지면 판단력이 흐려질 수 있다.

[4~5] 다음 강연을 듣고 질문에 답하세요.

4. 들은 내용과 일치하는 것을 고르세요.
   ① 인간관계를 잘 맺는 사람들이 늘어나고 있다.
   ② 인간관계는 온라인으로 만나는 관계만으로도 충분하다.
   ③ 온라인 채널이 늘면서 인간관계를 넓히기가 어려워졌다.
   ④ 목적을 위한 만남이 증가하면서 피로감을 느끼는 사람이 많다.

5. 강연자가 제시한 방법으로 알맞은 것을 고르세요.
   ① 새로운 사람을 사귀려는 노력을 계속해야 한다.
   ② 사람들과 만날 때 평소에 재미있게 했던 것만 하면 된다.
   ③ 이미 알고 있는 사람들과는 적당한 거리를 유지할 필요가 있다.
   ④ 만났을 때 감정이 소모되는* 사람과는 관계를 정리하는 것이 좋다.

 소모되다: 쓰여 없어지다.

읽기 Reading

[1~2] 다음 글을 읽고 질문에 답하세요.

부탁을 거절하는 데 큰 어려움을 겪거나 괴로움을 느껴 본 적이 있는가? 거절하고 싶지만 막상* 부탁을 받으면 거절하지 못하는 경우에는 어떻게 해야 할까?

거절을 못 하는 사람은 다른 사람의 시선과 감정을 예민하게* 의식하는 경우가 많다. 이런 사람은 자신이 좀 불편하더라도 상대방에게 맞춰 주려는 경향이 강해 힘들다는 표현을 하지 않기 때문에 상대방은 그 사람의 마음을 모르기도 한다. 이런 경우에 요구하는 사람은 계속 요구하고 들어주는 사람은 계속 들어주는, 바람직하지 않은 관계가 되어 버릴 가능성이 높으며 이와 같은 관계는 지속되기 어렵다. 당장은 거절하는 것이 불편하게 느껴지더라도 장기적으로 좋은 관계를 유지하기 위해서는 거절이 꼭 필요한 일임을 스스로 깨닫고 자신의 마음을 표현해야 한다.

실제로 부탁을 받았을 때 거절해야겠다고 생각하면서도 거절을 못 하는 경우가 많다면 건강한 인간관계와 대화법을 위한 연습을 할 필요가 있다. 평소에 거울을 보고 거절하는 연습을 하는 것도 큰 도움이 될 것이다.

1. 이 글의 중심 생각으로 알맞은 것을 고르세요.
   ① 거절을 못 해 어려움을 겪는 사람이 많다.
   ② 요구할 때는 요구하고 들어줄 때는 들어주는 자세가 바람직하다.
   ③ 좋은 관계를 유지하기 위해 거절이 필요하다는 것을 깨달아야 한다.
   ④ 장기적으로 좋은 관계도 중요하지만 당장 마음이 불편하지 않은 것도 중요하다.

2. 부탁을 거절하는 방법에 대한 설명이 <u>아닌</u> 것을 고르세요.
   ① 거절할 상황에 대비해서 거울을 보고 거절하는 연습을 해 본다.
   ② 거절하는 것은 힘든 일이므로 어려운 요구를 하는 사람은 피한다.
   ③ 거절하는 것이 불편해도 상대방의 요구를 모두 들어주면 안 된다.
   ④ 힘들다는 표현을 안 하면 상대방이 모르기 때문에 표현을 해야 한다.

막상: 어떤 일에 실제로 이르러.   **예민하다**: 무엇인가를 느끼거나 분석하고 판단하는 능력이 빠르고 뛰어나다.

[3~5] 다음 글을 읽고 질문에 답하세요.

> 성공적인 인생에 대한 가치관이 세대별로 달라지고 있다. LEI연구소가 성인 남녀를 대상으로 성공적인 인생에 대해 조사한 결과 세대별로 의견이 다르게 나타났다. 먼저 1940년~1950년대 초반에 태어난 세대의 경우 성공적인 인생은 남들이 부러워하는 직업을 가지고 그 분야에서 인정받는 삶이라고 답했다. 다음으로 1955년~1963년에 태어난 세대에게 질문한 결과, 안정적인 수입으로 가족과 화목하게* 사는 것과 경제적으로 여유롭게 사는 것 두 가지가 공동 1위를 차지했다. 이어 1960년대생과 1970년대생도 안정적인 수입으로 가족과 화목하게 사는 삶을 1위로 꼽았다. 마지막으로 1980년대 초반~2000년대 초반에 태어난 세대의 경우에는 경제적인 성취보다는 좋아하는 일이나 취미 생활을 하며 즐겁게 사는 삶이 성공적인 삶이라고 응답했다. 조사 결과에서 나타난 바와 같이 젊은 세대일수록 남들이 부러워하는 좋은 직장을 갖는 것에 큰 의미를 두지 않았다. 과거에는 성공적인 삶의 조건으로 경제적인 면이나 사회적 인정을 가장 중요하게 생각했다면 현재로 올수록 많은 사람이 경제적인 여유보다는 즐겁게 사는 삶을 더 중시하게 된 것이다. 스스로 즐기며 만족하는 것이 성공적인 인생의 최우선 가치가 되는 시대가 도래하고* 있다.

3. 이 글의 제목으로 알맞은 것을 고르세요.
   ① 세대별 가치관 차이로 인한 문제점
   ② 다양한 가치가 인정되는 시대의 도래
   ③ 성공적인 인생에 대한 가치관의 변화
   ④ 성공적인 인생의 필수적인 조건 분석

4. 이 글의 내용과 일치하는 것을 고르세요.
   ① 이 조사는 청소년을 대상으로 진행되었다.
   ② 세대별로 성공적인 인생에 대한 가치관이 전부 달랐다.
   ③ 젊을수록 경제적인 조건을 더 중요하게 여기는 것으로 나타났다.
   ④ 안정적인 수입을 가지고 가족과 사이좋게 살고 싶다는 응답이 있었다.

5. 미래에 나타나게 될 변화로 알맞은 것을 고르세요.
   ① 경제적인 여유를 추구하는 사람이 늘어날 것이다.
   ② 좋아하는 일을 하며 즐겁게 살고자 하는 사람이 증가할 것이다.
   ③ 좋은 직장에 들어가기 위해 노력하는 사람이 더욱 많아질 것이다.
   ④ 남들이 부러워하고 인정하는 삶을 살려는 사람들로 넘쳐 날 것이다.

 화목하다: 서로 뜻이 맞고 정이 있다.　　**도래하다**: 어떤 시기나 기회가 오다.

쓰기 Writing

다음 주제로 글을 쓰세요. (500자 이상)

사람마다 직업을 선택할 때 중요하다고 생각하는 조건은 다르기 마련입니다. 여러분에게 직업을 선택할 때 가장 중요한 조건은 무엇입니까?

아래 어휘 중에서 두 가지 이상을 사용하세요.

적성, 안정성, 자아실현, 근무 환경, 급여 수준, 복지 제도, 여가 시간, 사회적 인정

취업 면접 준비를 해 봅시다.

준비하기 취업 면접을 볼 때 회사에서 어떤 내용을 평가할 것 같은지 생각해 보세요.

지원 동기 및 목표   대인 관계   가치관   창의성   성격   ?

활동하기

1. 아래는 면접에서 많이 나오는 질문입니다. 면접관이 되어 빈칸에 질문을 쓰고 면접을 보면서 평가도 해 보세요.

	면접 질문	평가
지원 동기·목표	1. 우리 회사에 지원한 이유는 무엇입니까?	5 - 4 - 3 - 2 - 1
	2. 입사 5년 후, 10년 후 자기 모습은 어떨 것이라고 생각합니까?	5 - 4 - 3 - 2 - 1
	3. 우리 회사에 입사하게 된다면 이곳에서 이루고 싶은 꿈은 무엇입니까?	5 - 4 - 3 - 2 - 1
	4. 인생의 최종 목표는 무엇입니까?	5 - 4 - 3 - 2 - 1
대인 관계	5. 대인 관계에서 가장 중요하게 생각하는 것은 무엇입니까?	5 - 4 - 3 - 2 - 1
	6. 좋아하는 유형의 사람과 싫어하는 유형의 사람에 대해 이야기해 보세요.	5 - 4 - 3 - 2 - 1
	7. 동료와 잘 지내기 위해 무엇이 중요하다고 생각합니까?	5 - 4 - 3 - 2 - 1
	8. 상사와 의견이 다를 때는 어떻게 하겠습니까?	5 - 4 - 3 - 2 - 1
가치관	9. 가장 존경하는 인물은 누구입니까? 그 이유는 무엇입니까?	5 - 4 - 3 - 2 - 1
	10. 인생에 대해 어떤 가치관을 가지고 있는지 이야기해 보세요.	5 - 4 - 3 - 2 - 1
	11. 자신의 가치관과 현실이 부딪칠 때 어떻게 하겠습니까?	5 - 4 - 3 - 2 - 1
	12. 당신이 면접관이라면 어떤 것을 중심으로 평가하겠습니까?	5 - 4 - 3 - 2 - 1
창의성	13. 미래에 직업이 어떻게 바뀔 것 같습니까?	5 - 4 - 3 - 2 - 1
	14. 좋아하는 일과 잘하는 일이 다를 때 어떻게 하겠습니까?	5 - 4 - 3 - 2 - 1
	15. 자신의 가치를 돈으로 계산한다면 얼마 정도라고 생각합니까?	5 - 4 - 3 - 2 - 1
	16. 5,000만 원의 돈이 주어진다면 한 달 동안 어떻게 사용하겠습니까?	5 - 4 - 3 - 2 - 1

	면접 질문	평가
성격	17. 가장 크게 실패했던 경험과 어떻게 극복했는지에 대해 이야기해 보세요.	5 - 4 - 3 - 2 - 1
	18. 자신의 성격을 색깔로 표현한다면 어떤 색깔이고 그 이유는 무엇입니까?	5 - 4 - 3 - 2 - 1
	19. 본인의 성격을 한 단어로 표현하고 그 단어와 관련된 본인의 능력을 말해 보세요.	5 - 4 - 3 - 2 - 1
	20. 본인의 약점은 무엇입니까? 그 약점을 극복한 경험이 있습니까?	5 - 4 - 3 - 2 - 1
	21.	5 - 4 - 3 - 2 - 1
	22.	5 - 4 - 3 - 2 - 1
	23.	5 - 4 - 3 - 2 - 1
	24.	5 - 4 - 3 - 2 - 1

5: 매우 잘함, 4: 잘함, 3: 보통, 2: 못함, 1: 매우 못함

2. 친구들과 면접관과 지원자로 역할을 나누고 면접을 진행해 보세요. 면접관은 지원자의 답을 듣고 평가해 보세요.

자신의 강점은 무엇입니까?

제 강점은….

평가하기 자신이 면접관이라면 누구를 고용할 것입니까? 그 이유는 무엇인지 이야기해 보세요.

제가 면접관이라면 _____ 씨를 고용하겠습니다. 왜냐하면….

복습 1

[1] 다음을 듣고 질문에 답하세요.

여: 현대 사회에는 바쁘지 않으면 불안감을 느끼고 바빠야 안정감을 느낄 정도로, 여유를 즐기기보다는 휴식 없는 삶에 익숙한 사람들이 많다고 합니다. 여러분도 오늘 하루를 바쁘게 보내셨습니까? 정신없는 하루를 보내며 끼니를 대충 때우거나 거르지는 않으셨나요? 많은 사람들이 생활이 바쁘다는 이유로 식사는 그다지 중요하게 생각하지 않고 있습니다. 그중에서도 가장 신경 쓰지 않는 것은 아침 식사인데요. 그런데 이 아침 식사만큼 좋은 약이 없다고 합니다. 아침 식사를 하지 않으면 점심을 과식하게 돼서 영양 불균형 상태가 되거나 체중이 증가할 수 있기 때문입니다. 별것 아닌 것 같지만 아침 식사는 건강 관리의 시작인 셈이지요. 건강한 하루를 보내기 위해 단백질과 비타민이 풍부한 아침 식사를 해 보면 어떨까요? 건강 관리의 시작, 우리의 작은 변화로 할 수 있습니다.

[2~3] 다음 대화를 듣고 질문에 답하세요.

남: 청소년을 대상으로 한 조사에 따르면 한국 초중고교 학생들의 행복 지수의 평균값이 OECD 국가 중 가장 낮다고 합니다. 그런데 한국 학생들 중에서 동아리 활동을 활발하게 하는 학생들의 행복 지수는 OECD 평균값보다 높게 나타났다고 하는데요. 박사님, 어떻게 이런 결과가 나타나게 된 건가요?

여: 동아리 활동을 하는지 안 하는지에 따라 학생들의 행복 지수에 차이가 나타난 것은 학교생활에 대한 만족감에 차이가 있었기 때문이라고 볼 수 있습니다. 초중고교 학생들이 언제 행복감을 느끼는지 조사한 결과를 보면 좋아하는 일을 할 때, 친구들과 잘 지낼 때, 성적이 좋을 때 순으로 응답했습니다. 여기서 좋아하는 일을 할 때 행복감을 느낀다는 응답에 주목할 필요가 있는데요. 학생들의 경우 학교에서 보내는 시간이 많기 때문에 학교에서 좋아하는 일을 하면 그만큼 행복감이 높아질 수밖에 없겠지요. 동아리 활동을 하는 학생들은 학교에 있는 시간에 좋아하는 일을 한다고 느꼈기 때문에 행복 지수도 높게 나타난 것으로 보입니다.

[4~5] 다음 방송을 듣고 질문에 답하세요.

남: LEI 방송에서는 새해를 맞이하여 전 국민에게 바른 자세를 위한 스트레칭을 권장하는 '건강 생활 실천 캠페인'을 실시합니다. 이 캠페인은 LEI 방송과 보건복지부가 건강을 위한 습관을 일상에서 실천하자는 목적으로 매년 하고 있는데요. 캠페인에 참여하기를 원하시는 분은 '함께 해요, 스트레칭' 앱을 다운로드하시면 됩니다. 특히 올해는 일상생활에서 스트레칭을 생활화하자는 의미를 담아 고개를 뒤로 젖혀서 5초쯤 유지하거나 다리를 들었다 내리는 동작을 반복하는 등 지하철이나 버스에서도 할 수 있는 간단한 스트레칭 동작을 앱을 통해 알려 드린다고 합니다. 또한 앱에서 소개되는 스트레칭을 하고 그 모습을 담은 사진을 올리시면 스트레칭 동작의 정확도에 따라 우수자를 선발하여 상품도 드릴 예정입니다. 캠페인에서 추천하는 스트레칭 동작은 거북목 증후군 및 목과 허리 디스크를 예방하는 효과가 있을 뿐만 아니라 스트레스를 해소하고 집중력을 향상하는 데에도 도움이 된다고 하는데요. 건강한 삶을 위해 일상생활에서 꾸준히 실천해 보시면 좋을 것 같습니다.

복습 2

[1] 다음 대화를 듣고 질문에 답하세요.

남: 이번 신입 사원 공채에 지원하려면 외국어 성적이 필요한데 외국어 공부는 열심히 노력해도 잘 안되는 것 같아 걱정이야.

여: 공부 방법을 바꿔 보는 건 어때? 내가 어떤 다큐멘터리에서 실험하는 걸 봤는데 결과가 꽤 흥미롭더라고. 언어 학습에 운동이 어떤 영향을 끼치는지를 보는 실험이었어. 외국어 실력이 비슷한 대학생 마흔 명을 두 그룹으로 나눠서 한 그룹은 책상에 앉아서 수업을 듣게 하고, 다른 그룹은 수업 시간 15분 동안 실내 자전거를 타면서 수업을 듣게 했어. 두 그룹 모두 수업을 받는 8주 내내 이렇게 했는데 수업이 끝난 뒤에 배운 내용에 대한 시험을 본 결과에 따르면 운동을 하며 수업을 들은 쪽이 성적이 훨씬 좋게 나왔대. 언어 학습을 할 때 운동을 하면 단어 암기에 도움이 되고, 이해력도 높일 수 있다는 거야. 너도 외국어 공부할 때 실내 자전거를 타면서 해 봐. 책상에서 공부할 때보다 이해가 잘되고 오래 기억할 수 있을 거야.

남: 흥미로운 결과네. 한번 해 봐야겠다.

[2~3] 다음 강연을 듣고 질문에 답하세요.

남: 지난 시간에 이어 고정 관념을 이용하여 광고하는 방법에 대해 좀 더 살펴보도록 하겠습니다. 기업은 새로운 제품을 홍보할 때 신제품의 기능이나 가치를 직접 설명하는 대신 그 기업의 긍정적인 이미지를 언급하곤 합니다. 제품의 기능에 대해 설명하는 것보다 사람들이 기업에 대해 가지고 있는 긍정적인 이미지를 떠올리게 하는 것이 제품을 판매하는 데 더 효과적이기 때문입니다. 기업에 대한 긍정적인 고정 관념이 제품의 구매로 연결된다는 거지요.
이와 비슷한 방법을 하나 더 살펴보려고 하는데요. 바로 특정 제품에 대해 어느 나라 제품의 품질이 제일 우수한지를 떠올리게 하는 것입니다. 예를 들면 시계를 구매할 때 어느 나라에서 만든 시계가 제일 품질이 좋은지 묻는다면 대부분의 사람은 '스위스 시계'라고 대답할 것입니다. 따라서 스위스에서 만든 시계라고 하면 사람들이 좋은 시계라고 생각하는 고정 관념을 이용해 시계를 광고할 때 스위스와 관련된 점을 강조하는 방법을 쓸 수 있습니다.

[4~5] 다음 대화를 듣고 질문에 답하세요.

여: 선생님, 한국 사람들이 실제로 '소곤소곤, 콜록콜록, 반짝반짝, 허둥지둥' 같은 말을 많이 사용하는 편인가요? 이런 말을 사용하면 어떤 효과가 있어요?

남: 자주 사용하는 편이지요. 지금 질문한 말들은 의성어, 의태어라고 부르는데요. 그 효과는 크게 둘로 나누어서 설명할 수 있을 것 같아요. 먼저 의성어와 의태어를 사용하면 생생함을 느낄 수 있지요. 예를 들어 "밤하늘의 별이 빛나네."라는 말과 "밤하늘의 별이 반짝반짝 빛나네."라는 말을 들었을 때 어떤 차이를 느끼셨나요? 또 "조용한 밤에 갑자기 강아지가 짖었다."와 "조용한 밤에 갑자기 강아지가 멍멍 짖었다."는 어떻게 다르다고 생각하세요? 두 번째 문장이 조금 더 생생하게 느껴지지 않으세요? 그렇습니다. 단순한 문장에 의성어나 의태어를 추가하면 그런 말을 사용하지 않을 때에 비해 상황을 좀 더 실감 나게 전달할 수 있습니다. 또 다른 효과로는 단어가 반복되어 재미를 준다는 점이 있습니다. 저에게 질문한 단어 외에도 동물 울음소리를 나타내는 '개굴개굴, 삐악삐악'이나 자동차 경적 소리 '빵빵' 등을 보면 소리가 반복된다는 것을 알 수 있습니다. 이렇게 소리가 반복되면 리듬을 느낄 수 있게 되고, 이 리듬감이 말의 재미있는 요소가 됩니다.

복습 3

[1] 다음을 듣고 질문에 답하세요.

여: 요즘 '한 달 살기'의 인기가 점점 높아지면서 '한 달 살기'가 새로운 여행 문화로 자리 잡고 있습니다. '한 달 살기'란 자신이 사는 곳이 아닌 다른 지역에서 오랫동안 머물며 여행하는 것을 뜻합니다. '한 달'은 정확한 기간을 의미하기보다는 좀 길게 살아 본다는 의미를 갖는데요. 짧게 가서 일정에 쫓기며 여행하기보다 한곳에서 여유 있게 그곳의 생활과 문화를 충분히 경험하고자 하는 사람들이 늘어나면서 인기를 끌고 있는 것으로 보입니다. 특히 회사를 그만두고 휴식을 취하는 젊은 층이나, 방학을 맞이한 아이와 그 부모들이 '한 달 살기'를 많이 하는 것으로 나타났습니다. 최근에는 인터넷의 발달과 근무 환경의 변화로 집이 아닌 다른 곳에서도 일할 수 있게 되면서 자연 친화적인 곳으로 떠나 업무를 보는 사람들도 늘고 있다고 합니다. 평범한 일상을 벗어나 새로운 곳에서 살아 보는 '한 달 살기'의 인기는 당분간 계속될 것으로 보입니다.

[2~3] 다음 인터뷰를 듣고 질문에 답하세요.

여: 외국인이시지만 한옥 사랑이 대단하시다고 들었는데요. 이렇게 한옥에 빠지게 된 계기가 있나요?

남: 경주로 여행을 가서 한옥 호텔에 묵었는데 그때 한옥이 참 아름답다고 느꼈어요. 이후 서울에서 살 집을 구하다 북촌 한옥 마을 근처에 주인이 팔려고 내놓은 한옥을 보게 됐죠. 그때 봤던 한옥이 지금 살고 있는 집입니다. 살면 살수록 더욱더 한옥의 매력에 빠지게 돼요.

여: 집에서 가장 좋아하는 공간은 어디세요?

남: 거실입니다. 거실에 앉으면 큰 창으로 마당이 보이는데요. 채광도 좋고 창을 열면 솔솔 부는 바람과 마당에 심은 다양한 꽃의 은은한 향기도 느낄 수 있어서 참 좋습니다. 그냥 앉아만 있어도 지쳤던 몸과 마음이 치유되는 느낌이에요.

여: 한옥은 불편하다는 선입견을 가지신 분들이 많은데요. 불편한 점은 없으세요?

남: 흔히 한옥은 주방이나 욕실 등이 불편하지 않을까 생각하시는데요. 지금 살고 있는 집은 지은 지 오래되긴 했지만 여러 차례 현대적으로 고쳐 와서 불편하다고 느낀 적은 없어요. 오히려 일반 주택보다 더 편한 점도 많아요. 예를 들면 단독 주택이기 때문에 방음 걱정이 없고 통풍이 잘돼 여름에도 시원합니다. 집에 있으면 정말 조용하고 아늑해서 휴양지에 와 있는 것 같은 착각이 들어요. 외출하면 빨리 집에 가고 싶다는 생각이 들 정도예요.

[4~5] 다음 시사 프로그램을 듣고 질문에 답하세요.

남: 최근 서울에 폭우가 내려 큰 홍수가 났는데요. 예측할 수 없는 이상 기후로 인해 피해를 입는 것은 우리나라만의 문제가 아닙니다. 해외 여러 나라에서도 올여름 너무 많은 비가 내려 큰 피해가 발생했고 유럽도 폭염과 가뭄으로 인해 고통받고 있다고 합니다. 교수님, 전 세계에 이상 기후로 인해 많은 손실이 발생하고 있는데요. 피해 규모가 해마다 커지는 것 같습니다.

여: 네. 기후 변화가 세계 경제에까지 영향을 미치고 있다고 볼 수 있습니다. 올해 상반기에만 전 세계에서 이상 기후로 인해 약 600억 달러의 경제적 손실이 발생했습니다. 1월부터 6월까지를 기준으로 한 것이기 때문에 앞으로 그 피해액은 훨씬 더 커질 것으로 예상됩니다. 우리나라만 해도 이번 홍수로 4,000여 대의 차량이 침수되는 등 개인 재산 피해가 매우 클뿐더러 도로나 건물 등 도시 기반 시설도 파괴되어 원래대로 회복하는 데 많은 돈과 시간이 들 것으로 예상됩니다.

남: 기후 변화가 지속되는 한 이상 기후로 인한 피해도 점점 커질 것으로 예상되는데요.

여: 네. 그래서 이제는 좀 더 적극적으로 대비해야 합니다. 예를 들어 현재 물이 넘치지 않게 처리하는 배수 시설은 과거 기후에 맞춰 만들어진 것인데요. 따라서 요즘과 같은 폭우는 대비할 수가 없습니다. 기후 변화를 늦추려는 노력도 계속해야겠지만 이와 동시에 이상 기후로 인한 피해를 줄일 수 있도록 배수 시설을 새로 마련하는 등 현실적인 해결책을 준비해야 합니다.

복습 4

[1] 다음을 듣고 질문에 답하세요.

남: 오늘 책 소개 시간에는 마음속 깊이 상처를 간직하고 있는 분들을 위해 "마음을 그려 봐요"라는 책을 소개해 드릴까 합니다. 이 책에서는 한국대학교 이지아 교수가 미술 심리 상담사로서 오랫동안 일해 온 경험을 통해 알게 된, 상처를 치유하는 방법을 소개하고 있습니다. 저자는 조금 아프더라도 과감하게 자기 마음을 드러내야 상처가 치유될 수 있다고 말합니다. 그림을 그리며 자신의 상처를 드러내고 그 결과인 작품을 보며 스스로에 대해 깊이 이해함으로써 상처받은 마음을 회복할 수 있다는 거지요. 그림 그리기를 통해 자신을 객관적으로 바라보고 상처를 치유하기 원하시는 분들에게 좋은 책이 되지 않을까 싶습니다.

[2~3] 다음 대화를 듣고 질문에 답하세요.

남: 교수님, 자신의 꿈이나 미래가 확실하게 정해져 있지 않은 학생들에게 조언 한 말씀 부탁드립니다.

여: 자신의 꿈이 무엇인지, 자신에게 잘 맞는 일이 무엇인지 물으면 많은 학생들이 잘 모르겠다고 대답합니다. 이럴 때 걱정만 하지 말고 적극적으로 자신의 적성을 찾기 위해 노력했으면 합니다. 한 가지 방안으로 직업 적성 테스트를 해 보는 건 어떨까요? 이 테스트를 계기로 자신과 딱 맞는 직업을 찾을 수도 있을 테니까요. 우선 자신이 좋아하는 것을 모두 적어 봅니다. 깊이 생각하지 말고 일단 생각나는 대로 최대한 많이 적어 보세요. 다 적은 후에는 그중에서 몇 가지만 골라내 보는 겁니다. 이땐 오랫동안 생각하지 않고 빨리 고르는 게 좋습니다. 생각을 하다 보면 이것저것 따지게 되고 그러다 보면 자신이 정말로 좋아하는 것이 무엇인지 판단하기가 더 어려워지기 때문입니다. 그다음에는 그렇게 골라낸 것들과 관련된 직업을 구체적으로 하나씩 써 봅니다. 그리고 그 분야에 관한 책을 읽거나 검색을 해서 그 직업의 장점과 단점에 대해 알아보세요. 실제로 그 분야에서 일하고 계신 분들을 만나 보는 것도 좋은 방법입니다. 이 과정을 다 마치고 나서도 좋아하는 마음에 변함이 없으면 그 일이 적성에 맞는 직업이라고 생각하면 됩니다.

[4~5] 다음 강연을 듣고 질문에 답하세요.

남: 20대 네 명 중 한 명은 새로운 인간관계를 맺는 것을 부담스러워한다는 조사 결과가 나왔는데요. 비대면으로 업무 보는 것을 선호하고 혼자 노는 문화가 증가하는 모습은 우리 사회에서 인간관계에 부담을 느끼는 사람들이 많아졌다는 것을 보여 주는 좋은 예라고 할 수 있습니다. 이는 SNS 등 온라인 채널이 많아지면서 인간관계가 양적으로는 넓어졌지만 목적을 이루기 위한 수단으로만 만나는 관계가 많아지고, 깊이 있는 관계를 갖지 못한 나머지 인간관계에 피로감을 느끼기 때문입니다.

인간관계에 부담을 느끼는 사람들이 늘어난다는 건 문제가 아닐 수 없는데요. 우리는 사회 안에서 살아갈 수밖에 없고 현실의 관계를 온라인에서의 관계로 대신할 수는 없기 때문입니다. 그렇다면 인간관계에서 오는 피로감을 해소하기 위해서는 어떻게 해야 할까요?

우선 계속해서 새로운 사람을 사귀려고 하기보다는 이미 알고 있는 소중한 사람들과 만나는 시간을 늘려 보세요. 감정이나 에너지가 소모되는 사람들과는 적당한 거리를 유지하거나 관계를 정리하기를 권합니다. 또한 사람들과 함께 시간을 보낼 때 자신이 좋아하는 일을 하거나 평소에 하지 않았던 색다른 경험을 해 보는 건 어떨까요? 이런 시간이 많아지면 자기도 모르는 사이에 피로감이 사라지고 있음을 느끼게 될 겁니다.

Answer Key 모범 답안

| 부록 Appendix |

1. 건강한 삶

1-1. 음식과 영양

어휘 p. 14

1. 2) 피로를 해소할 수 있다
   3) 혈액 순환이 잘되지
   4) 질병에 걸리기
   5) 노화를 방지하려면

2. 2) 영양 불균형 상태가 된다
   3) 만성 질환에 걸리기
   4) 끼니를 걸러서
   5) 영양이 풍부한

3. 2) 탄수화물   3) 지방   4) 무기질

문법과 표현 ① 동-는 데(에) p. 16

1. 2) 회의를 하는 데 필요한
   3) 면역력을 키우는 데 효과적이거든요
   4) 스트레스를 푸는 데 최고지
   5) 공부를 하는 데 방해가 돼요

2. 2) 숙면을 취하는 데에 효과적입니다
   3) 육수를 만드는 데에 필요합니다
   4) 배달 음식을 주문하는 데에 다 써 버렸습니다
   5) 공부에 집중하는 데에 방해가 됩니다

문법과 표현 ② 동-으라면 p. 18

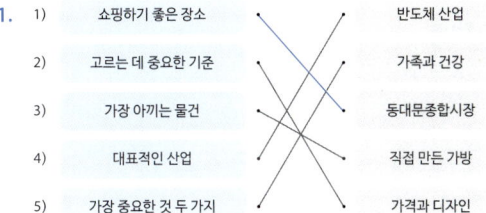

2) 고르는 데 중요한 기준을 들라면 가격과 디자인을 꼽을 수 있습니다
3) 가장 아끼는 물건을 꼽으라면 직접 만든 가방이라고 할 수 있습니다
4) 대표적인 산업을 말하라면 반도체 산업을 들 수 있습니다
5) 가장 중요한 것 두 가지를 꼽으라면 가족과 건강을 들 수 있습니다

2. 2) 기억에 남는 생일 선물을 꼽으라면 친구가 직접 만들어 준 케이크라고 할 수 있어요
   3) 다시 한번 꼭 먹고 싶은 음식을 들라면 돌아가신 할머니께서 해 주셨던 된장찌개를 꼽을 수 있어요
   4) 제가 느낀 한국어의 특징을 말하라면 높임말이 있는 것을 들 수 있어요

5) 혼자 살면서 하기 어렵다고 생각한 일을 꼽으라면 가구를 옮기는 일이라고 할 수 있어요. (가구를 옮기는 일)

1-2. 건강한 신체

어휘 p. 20

1. 2) 폐   3) 관절   4) 장
   5) 척추   6) 근육   7) 위

2. 2) 유산소 운동을 하는
   3) 바른 자세를 유지하려고
   4) 숙면을 취하기
   5) 근력 운동을 하는

3. 2) 체지방을 줄이는
   3) 허리 디스크를 예방할
   4) 유연성도 기를

4. 2) 근력을 기르는
   3) 지구력을 기를
   4) 뭉친 근육을 풀기
   5) 체중을 감량할

문법과 표현 ③ 동-되 p. 22

1. 1) 연락을 하다 — 여섯 시 이후에는 이메일로 하다
   2) 모아서 빨다 — 검은색 옷은 따로 빨다
   3) 커피를 마시다 — 하루에 한 잔만 마시다
   4) 평소와 같이 생활하다 — 무리하지 말다
   5) 자유롭게 책을 읽다 — 읽은 책은 원래 있던 자리에 꽂아 두다

2) 모아서 빨되 검은색 옷은 따로 빠세요
3) 커피를 마시되 하루에 한 잔만 드세요
4) 평소와 같이 생활하되 무리하지 마세요
5) 자유롭게 책을 읽되 읽은 책은 원래 있던 자리에 꽂아 두세요

2. 2) 내일까지 제출하시되 점심시간 전까지 내셔야 합니다
   3) 자유롭게 사용하시되 뒷정리를 꼭 하셔야 합니다
   4) 하루에 세 번 드시되 식전에 드셔야 합니다
   5) 가지고 입장하시되 가방 안에 넣어 두셔야 합니다. (가방 안에 넣어 두다)

문법과 표현 ④ 동형-을뿐더러 p. 24

1. 2) 내용이 흥미진진할뿐더러 그림도 독특해서
   3) 연기력이 뛰어날뿐더러 인성도 좋아서
   4) 날씨가 무더울뿐더러 공기도 습해서
   5) 디자인이 세련됐을뿐더러 기능도 다양해서

2. 2) 음식이 다 맛있을뿐더러 가격도 싸서, (가격이 싸다)
   3) 피부에 좋을뿐더러 건강에도 좋아서, (건강에 좋다)

모범 답안 175

4) 지구력을 기를 수 있을뿐더러 기분 전환도 할 수 있어서, (기분 전환을 하다)
5) 유명한 가수가 불렀을뿐더러 가사도 좋아서, (가사가 좋다)

2. 행복과 휴식

2-1. 행복의 비결

어휘   p. 28

1. 2) 인간관계가 좋다는   3) 경제적으로 여유롭다면
   4) 유능한   5) 목표를 성취할
   6) 안정을 얻는   7) 가치가 있는

2. 2) 행복감   3) 만족감   4) 무기력감
   5) 성취감   6) 기대감

3. 2) 친밀감   3) 좌절감   4) 열등감

문법과 표현 ❶ 명이란   p. 30

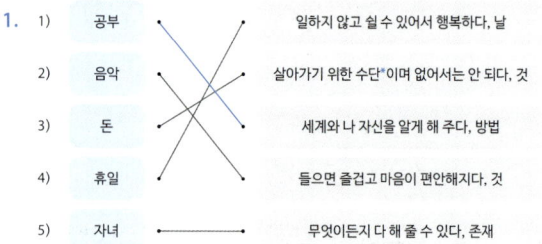

2) 음악이란 들으면 즐겁고 마음이 편안해지는 것이다
3) 돈이란 살아가기 위한 수단이며 없어서는 안 되는 것이다
4) 휴일이란 일하지 않고 쉴 수 있어서 행복한 날이다
5) 자녀란 무엇이든지 다 해 줄 수 있는 존재이다

2. 2) 서로 아끼며 배려해 주는 것입니다
   3) 낯선 곳에서 자유를 누릴 수 있는 기회입니다
   4) 건강을 유지하기 위해 매일 해야 하는 것입니다
   5) 어려운 일이 있을 때 힘이 되는 존재입니다

문법과 표현 ❷ 동-음에 따라   p. 32

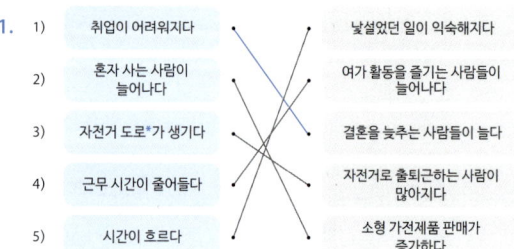

2) 혼자 사는 사람이 늘어남에 따라 소형 가전제품 판매가 증가하고 있습니다
3) 자전거 도로가 생김에 따라 자전거로 출퇴근하는 사람이 많아졌습니다
4) 근무 시간이 줄어듦에 따라 여가 활동을 즐기는 사람들이 늘어났습니다
5) 시간이 흐름에 따라 낯설었던 일이 익숙해지고 있습니다

2. 2) 감소함에 따라
   3) 증가함에 따라
   4) 인상됨에 따라
   5) 발달함에 따라 생활이 편리해지고 있습니다

2-2. 휴식이 있는 삶

어휘   p. 34

1. 2) 맛집을 탐방하는   3) 식물을 기르는
   4) 반려동물을 키우는   5) 보드게임을 하며
   6) 예술 작품을 감상하는 7) 취미 생활을 하면서

2. 2) 일의 효율을 높일   3) 일과 생활의 균형을 잡을
   4) 긴장이 완화돼서   5) 지친 심신이 치유되기를
   6) 긍정적 영향을 미친다

3. 2) 스트레스 지수를 낮출 3) 휴식을 취할
   4) 에너지가 충전되기

문법과 표현 ❸ 동-음으로써   p. 36

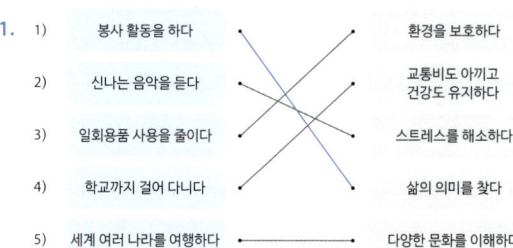

2) 신나는 음악을 들음으로써 스트레스를 해소할 수 있다
3) 일회용품 사용을 줄임으로써 환경을 보호할 수 있다
4) 학교까지 걸어 다님으로써 교통비도 아끼고 건강도 유지할 수 있다
5) 세계 여러 나라를 여행함으로써 다양한 문화를 이해할 수 있었다

2. 2) 발견함으로써 사망률을 낮출 수 있습니다
   3) 경험함으로써 견문을 넓힐 수 있습니다
   4) 시행함으로써 서민 생활을 안정시킬 수 있을 것입니다
   5) 존중함으로써 자녀의 자존감을 향상시킬 수 있습니다

부록 Appendix

문법과 표현 ❹ 명에 따르면 p. 38

1. 1) 통계 자료 — 1인 가구의 한 달 평균 생활비는 110만 원이다
   2) 안내 방송 — 태풍으로 인해 비행기 도착이 지연되다
   3) 연구 결과 — 과학적으로 가장 효과적인 스트레스 해소법은 운동이다
   4) 조사 결과 — 한국인이 선호하는 여가 활동 1위는 TV 시청이다
   5) 식품업계 — 올해 단백질 음료 매출액이 작년에 비해 10% 증가하다

   2) 안내 방송에 따르면 태풍으로 인해 비행기 도착이 지연된다고 한다
   3) 연구 결과에 따르면 과학적으로 가장 효과적인 스트레스 해소법은 운동이라고 한다
   4) 조사 결과에 따르면 한국인이 선호하는 여가 활동 1위는 TV 시청이라고 한다
   5) 식품업계에 따르면 올해 단백질 음료 매출액이 작년에 비해 10% 증가했다고 한다

2. 2) 연구 보고서에 따르면
   3) 정신과 전문의에 따르면 일부러 멍하게 있을 필요가 있다고 하더라고요
   4) 제품 보증서에 따르면 1년 동안 무상 수리를 받을 수 있다고 했는데요
   5) 설문 조사 결과에 따르면 요즘 20대는 결혼할 필요성을 느끼지 못한대요

복습 1

어휘 p. 40

1. ③   2. ②   3. ④   4. ③   5. ④
6. ①   7. ②   8. ①   9. ③   10. ②
11. ②   12. ①   13. ④   14. ①   15. ③

문법과 표현 p. 44

1. ③   2. ①   3. ④   4. ④
5. 활용함으로써
6. 걸어 다니되
7. 꼽으라면

듣기 p. 46

1. ②   2. ①   3. ④   4. ③   5. ②

읽기 p. 47

1. ④   2. ①   3. ④   4. ③   5. ③

3. 언어와 학습

3-1. 언어와 문화

어휘 p. 54

1. 2) 낫 놓고 기역 자도 모른다
   3) 빈 수레가 요란하다
   4) 소 잃고 외양간 고친다

2. 2) 손이 커서
   3) 머리가 굵어서
   4) 귀가 얇아서
   5) 발톱을 드러내며

3. 2) 관용어   3) 의성어   4) 의태어
   5) 소곤소곤   6) 콜록콜록   7) 반짝반짝
   8) 허둥지둥

문법과 표현 ❶ 동-는 데(에) 반해(서), 형-은 데(에) 반해(서), 명인 데(에) 반해(서) p. 56

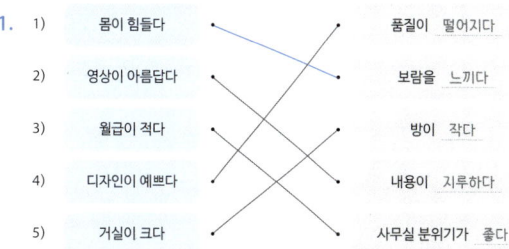

1. 1) 몸이 힘들다 — 보람을 느끼다
   2) 영상이 아름답다 — 내용이 지루하다
   3) 월급이 적다 — 사무실 분위기가 좋다
   4) 디자인이 예쁘다 — 품질이 떨어지다
   5) 거실이 크다 — 방이 작다

   2) 영상이 아름다운 데에 반해서 내용이 지루하다
   3) 월급이 적은 데에 반해서 사무실 분위기가 좋다
   4) 디자인이 예쁜 데에 반해서 품질이 떨어진다
   5) 거실이 큰 데에 반해서 방이 작다

2. 2) 평일에는 일찍 일어나는 데 반해 주말에는 늦게 일어나요
   3) 저는 친구들과 자주 어울리는 데 반해 제 동생은 혼자 시간을 보내는 것을 더 좋아해요
   4) 서울은 비가 많이 오는 데 반해 부산은 맑대요
   5) 버스는 갈아타야 하는 데 반해 지하철은 한 번에 바로 갈 수 있어서 더 좋아요

문법과 표현 ❷ 동-는 데(에) 비해(서), 형-은 데(에) 비해(서), 명인 데(에) 비해(서) p. 58

1. 2) 분위기가 좋은 데에 비해서 서비스는 좋지 않다
   3) 좀 좁은 데에 비해서 수납공간이 많아 별로 불편하지 않다
   4) 시험 기간인 데에 비해서 도서관에 학생들이 많지 않다
   5) 오르는 데에 비해서 월급은 그대로니 살기가 힘들다

모범 답안 177

2. 2) 돈이 많은 데 비해 검소한 생활을 하시는 것 같아요
   3) 준비를 많이 못 한 데 비해 잘 본 것 같아요
   4) 주말인 데 비해 사람이 많지 않아서, (사람이 많지 않다)
   5) 양이 적은 데 비해 칼로리가 높아서, (칼로리가 높다)

3-2. 언어 학습

어휘 p. 60

1. 2) 모국어   3) 고급   4) 의식적
   5) 암기할   6) 필기해   7) 익혔다

2. 2) 외국어에 능통하다
   3) 유창하게 구사하고, 정확한 문법을 사용한
   4) 다양한 어휘를 사용해서
   5) 단계에 도달했다

3. 2) 시각 자료를 이용하다
   3) 짝 활동을 하다
   4) 밑줄을 긋다

문법과 표현 ❸ 명(에) 못지않게 p. 62

1. 2) 지하철에 못지않게 빨라요
   3) 작년에 못지않게 많은 사람들이 참여했어요
   4) 유명한 식당의 요리사에 못지않게 음식을 잘 만드세요
   5) 영어 모국어 화자에 못지않게 영어를 유창하게 구사해요

2. 2) 화가 못지않게 그림을 잘 그리나 봐요
   3) 작년 못지않게 추울 거라고 했어요
   4) 사람 못지않게 일을 잘하네요
   5) 시험 성적 못지않게 면접도 중요해요

문법과 표현 ❹ 동-고서 p. 64

1. 2) 수술을 받고서
   3) 소식을 듣고서 급하게 돌아갔어요
   4) 숙제를 끝내고서 잤어
   5) 이야기를 나누고서 화해했어

2. 2) 수업 시간에 선생님의 설명을 듣고서야
   3) 건강 검진 결과를 확인하고서야
   4) 다양한 요리를 시도해 보고 여러 차례 실패하고서야
   5) 아이를 낳고서야

4. 사고와 고정 관념

4-1. 문화와 사고방식

어휘 p. 68

1. 2) 개인주의   3) 세대 차이   4) 공동체주의

2. 2) 보수적이어서   3) 열정적으로
   4) 가족적인

3. 2) 신속하게   3) 첫인상이 바뀌는 것은
   4) 정이 많은   5) 무표정한

문법과 표현 ❶ 명을 막론하고 p. 70

1. 1) 동서고금 — 쉽게 따라 부를 수 있다
   2) 이유 여하 — 그 가치를 인정받다
   3) 여야* — 시험 시간에 지각하면 시험을 볼 수 없다
   4) 남녀노소 — 그 안건에 모두 찬성하다
   5) 동서양 — 위인* 들은 큰 어려움을 극복하고서야 세상에 이름이 알려지다

   2) 이유 여하를 막론하고 시험 시간에 지각하면 시험을 볼 수 없습니다
   3) 여야를 막론하고 그 안건에 모두 찬성했다고 해요
   4) 남녀노소를 막론하고 쉽게 따라 부를 수 있어서
   5) 동서양을 막론하고 그 가치를 인정받았다고

2. 2) 국내외를 막론하고   3) 남녀를 막론하고
   4) 동서양을 막론하고   5) 지위 고하를 막론하고

문법과 표현 ❷ 동형-으면 몰라도, 명이면 몰라도 p. 72

1. 1) 일곱 시까지 올 수 있다 — 그 이후에 오면 입장이 어렵다
   2) 지금 회사의 월급이 적다 — 너한테 오해를 받으니까 더 기분 나쁘다
   3) 다른 사람이 날 못 믿다 — 1년 만에 한국 사람처럼 이야기하다
   4) 한국에서 오래 살다 — 단어 시험 때문에 밤을 새울 필요는 없다
   5) 중간시험이다 — 거리 때문에 이직하는 건 좋은 생각이 아니다

   2) 지금 회사의 월급이 적으면 몰라도 거리 때문에 이직하는 건 좋은 생각이 아닌 것 같아
   3) 다른 사람이 날 못 믿으면 몰라도 너한테 오해를 받으니까 더 기분 나쁘네
   4) 한국에서 오래 살았으면 몰라도 1년 만에 한국 사람처럼 이야

기하다니
5) 중간시험이면 몰라도 단어 시험 때문에 밤을 새울 필요는 없잖아

2. 2) 당일 여행이면 몰라도 며칠은 힘들 것 같아
3) 여윳돈이 있으면 몰라도 지금 생활비도 부족한데 자동차를 새로 사는 건 안 되지
4) 집이 가까우면 몰라도 여기서부터 집까지 걸어가는 건 무리야
5) 꾸준히 연습했으면 몰라도 갑자기 마라톤 대회에 나가는데 끝까지 뛰는 건 어려울 것 같아

2) 안 좋은 자세로 오래 앉아 있다가는 목과 허리에 문제가 생기기 십상이다
3) 기대를 너무 많이 하면 실망하기 십상이다
4) 해야 할 일을 제대로 하지 않으면 나중에 후회하기 십상이다
5) 쇼핑 방송을 보다가는 충동구매를 하기 십상이다

2. 2) 사고가 나기 십상이니까 조심해야 해
3) 감기 걸리기 십상이니까 따뜻하게 입고 나가
4) 체하기 십상이니까 천천히 드세요
5) 지치기 십상이니까 주말에는 좀 쉬세요

4-2. 고정 관념과 가치관

어휘 p. 74

1. 가) 시각   나) 인식   다) 선입견   라) 가치관
   A) 상식   B) 편견   C) 고정 관념

2.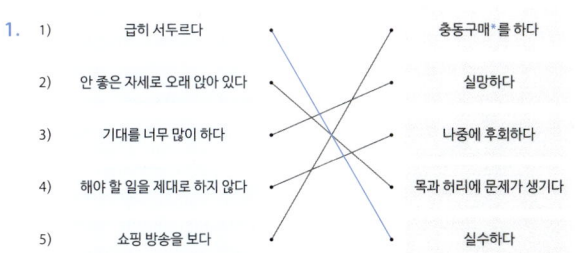

2) 의식적으로 노력했다
3) 제도를 개선해야
4) 관점을 바꿔서
5) 고정 관념에서 벗어나려고
6) 잘못된 판단을 했다는

문법과 표현 ❸ 동-기 십상이다 p. 76

1. 1) 급히 서두르다 — 충동구매를 하다

문법과 표현 ❹ 동-을 겸 p. 78

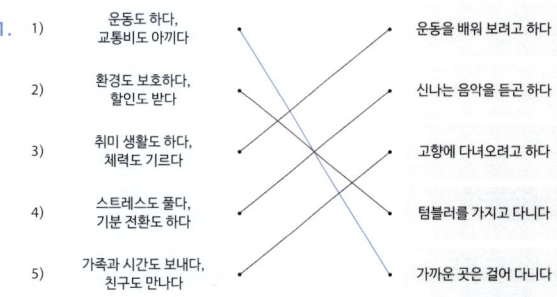

2) 환경도 보호할 겸 할인도 받을 겸 텀블러를 가지고 다닌다
3) 취미 생활도 할 겸 체력도 기를 겸 운동을 배워 보려고 한다
4) 스트레스도 풀 겸 기분 전환도 할 겸 신나는 음악을 듣곤 한다
5) 가족과 시간도 보낼 겸 친구도 만날 겸 고향에 다녀오려고 한다

2. 2) 바람도 쐬고 운동도 할 겸 해서 자주 가요. (운동을 하다)
3) 구경도 하고 사진도 찍을 겸 해서 다녀왔어. (사진을 찍다)
4) 쇼핑도 하고 맛있는 음식도 먹을 겸, (맛있는 음식을 먹다)
5) 신나는 음악도 듣고 스트레스도 풀 겸, (스트레스를 풀다)

복습 2

어휘 p. 80

1. ③   2. ④   3. ③   4. ④   5. ①
6. ④   7. ①   8. ①   9. ②   10. ②
11. ①   12. ②   13. ①   14. ②   15. ②

문법과 표현 p. 84

1. ④   2. ②   3. ④   4. ③
5. 스트레스를 풀 겸
6. 남녀노소를 막론하고
7. 있으면 몰라도

듣기 p. 86

1. ③   2. ③   3. ②   4. ②   5. ①

읽기 p. 87

1. ②   2. ④   3. ①   4. ④   5. ②

5. 기후와 지형

5-1. 기후 변화

어휘 p. 94

1. 2) 초미세 먼지는
   3) 강수 확률이
   4) 체감 온도는

2.
3. 2) 한파   3) 이상 기후   4) 가뭄
   5) 홍수   6) 초강력 태풍   7) 자연재해

2) 서식지가 파괴되어
3) 해수면이 상승하고
4) 해안 도시가 침수될
5) 인명 피해가 발생하지는
6) 인류를 위협하고

문법과 표현 ❶ 동-다시피 p. 96

1. 2) 보시다시피
   3) 알다시피
   4) 짐작하시다시피
   5) 지적하다시피

2. 2) 알려드렸다시피
   3) 보시다시피
   4) 아시다시피
   5) 설명드렸다시피, 보시다시피

문법과 표현 ❷ 동-는 한, 형-은 한 p. 98

1.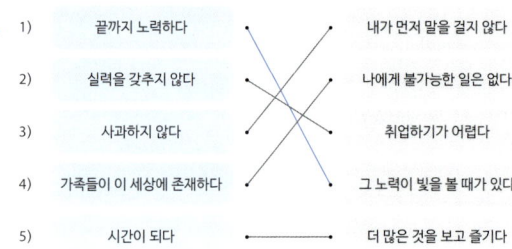

2) 실력을 갖추지 않는 한 취업하기가 어렵다
3) 사과하지 않는 한 내가 먼저 말을 걸지 않을 것이다
4) 가족들이 이 세상에 존재하는 한 나에게 불가능한 일은 없다
5) 시간이 되는 한 더 많은 것을 보고 즐기고 싶다

2. 2) 될 수 있는 한 빨리 갈게요
   3) 도와줄 수 있는 한 얼마든지 도와줄게
   4) 오해를 풀지 않는 한 화해하기 어려울 것 같아
   5) 포기하지 않는 한 다시 기회가 올 거라고 생각합니다

5-2. 독특한 지형의 여행지

어휘 p. 100

1. 2) 해안   3) 평야   4) 화산
   5) 빙하   6) 절벽

2. 2) 한 폭의 그림 같았다, 말로 표현할 수 없을
   3) 웅장해서, 감탄이 절로 나왔다
   4) 빼어난
   5) 환상적인

3. 2) 경사가 가팔라서   3) 절경이 펼쳐진다
   4) 경사가 완만하여

문법과 표현 ❸ 동-는가 하면, 형-은가 하면 p. 102

1.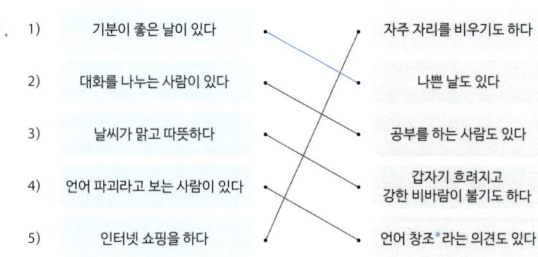

2) 대화를 나누는 사람이 있는가 하면 공부를 하는 사람도 있다
3) 날씨가 맑고 따뜻한가 하면 갑자기 흐려지고 강한 비바람이 불기도 한다

4) 언어 파괴라고 보는 사람이 있는가 하면 언어 창조라는 의견도 있다
5) 인터넷 쇼핑을 하시는가 하면 자주 자리를 비우시기도 한다

2. 2) 구내식당에서 밥을 먹는가 하면 근처 식당에서 먹기도 한다. (근처 식당에서 먹다)
3) 여행을 가는가 하면 집에서 쉬기도 한다. (집에서 쉬다)
4) 현대적이고 화려한 모습을 가지고 있는가 하면 전통적인 모습을 가지고 있기도 하다. (전통적인 모습을 가지고 있다)
5) 영상이 아름다운가 하면 배경 음악도 좋다. (배경 음악이 좋다)

문법과 표현 ④ 동 형 -을 따름이다, 명 일 따름이다   p. 104

1. 2) 아쉬울 따름이다   3) 미안할 따름이다
   4) 답답할 따름이다   5) 남편일 따름이다

2. 2) 죄송할 따름입니다   3) 감사할 따름입니다
   4) 자랑스러울 따름입니다 5) 놀라울 따름입니다

6. 환경과 주거 공간

6-1. 도시와 환경

어휘   p. 108

1. 2) 무분별하게 개발되다   3) 자연을 훼손하다
   4) 주택 가격이 높다

2. 2) 과거와 현재가 공존하는 것 같은
   3) 재생 에너지를 사용하기 위해
   4) 대중교통 체계가 잘 갖춰진
   5) 유적을 보존하기 위해
   6) 공원이 조성되어 있어, 자연 친화적인

3. 2) 보존하여, 보존하기   3) 조성하기, 조성할
   4) 개발되었다, 개발되면서

문법과 표현 ① 동 형 -지 않을까 하다, 명 이 아닐까 하다 p.110

1. 2) 늦지 않을까 해요   3) 화가가 되지 않을까 해요
   4) 크지 않을까 해요   5) 외국인이 아닐까 해요

2. 2) 성공하지 않을까 싶어요
   3) 좀 힘들지 않을까 싶어
   4) 시행할 수 있지 않을까 싶어요
   5) 더 덥지 않을까 싶어요
   6) 나아지지 않을까 싶어요

문법과 표현 ② 동 -고자 하다   p. 112

1. 2) 다양한 의견을 듣고자 합니다
   3) 건강한 식단을 알려 드리고자 합니다
   4) 자선 바자회를 열고자 합니다
   5) '한국의 정'에 대해 이야기하고자 합니다

2. 2) 다양한 경험을 하고자   3) 아이들을 돕고자
   4) 약속을 지키고자   5) 꿈을 이루고자

6-2. 주거 공간

어휘   p. 114

1. 2) 침실   3) 정원   4) 서재
   5) 욕실   6) 다용도실

2. 2) 무난해서   3) 방음이 잘되는
   4) 아늑해, 은은한 향이 났다 5) 아기자기한
   6) 채광이 좋다

3.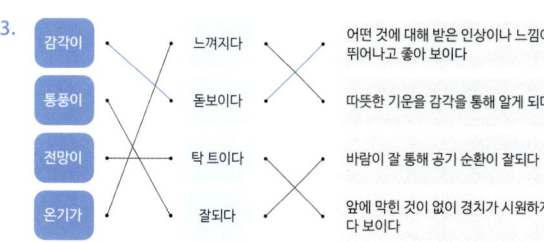

2) 통풍이 잘돼서   3) 전망이 탁 트여서
4) 온기가 느껴져서

문법과 표현 ③ 명 같아서는   p. 116

1.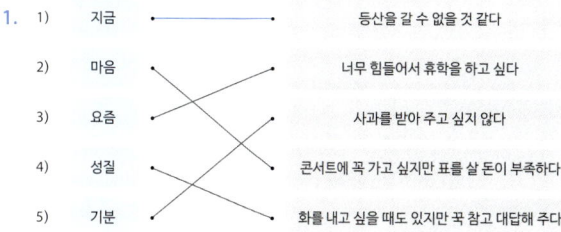

2) 마음 같아서는 콘서트에 꼭 가고 싶지만 표를 살 돈이 부족하다
3) 요즘 같아서는 너무 힘들어서 휴학을 하고 싶다
4) 성질 같아서는 화를 내고 싶을 때도 있지만 꾹 참고 대답해 준다
5) 기분 같아서는 사과를 받아 주고 싶지 않았다

2. 2) 요즘 같아서는 계속 사귀지 못할 것 같아요
   3) 생각 같아서는 계속 서울에 살고 싶지만 집값이 너무 올라서 이

사해야 할 것 같아요
4) 욕심 같아서는 다 사고 싶어
5) 마음 같아서는 당장 떠나고 싶지만 일이 많아서 갈 수 없을 것 같아요

문법과 표현 ④ 동형-고 해서, 명이고 해서　　p. 118

1.
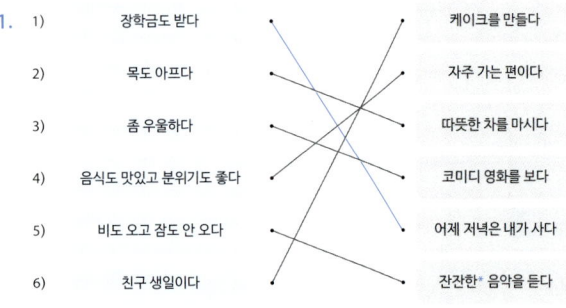

2) 목도 아프고 해서 따뜻한 차를 마셨다
3) 좀 우울하고 해서 코미디 영화를 보려고 한다
4) 음식도 맛있고 분위기도 좋고 해서 자주 가는 편이다
5) 비도 오고 잠도 안 오고 해서 잔잔한 음악을 들었다
6) 친구 생일이고 해서 케이크를 만들려고 한다

2. 2) 운동도 되고 해서 걸어 다녀요
3) 졸업식도 있고 해서 하나 샀어요
4) 좀 질리고 해서 직접 만들어 먹고 있어
5) 날씨도 춥고 해서 오늘은 집에서 쉬려고요

복습 3

어휘　　p. 120
1. ①　2. ③　3. ②　4. ①　5. ④
6. ④　7. ①　8. ④　9. ②　10. ③
11. ④　12. ③　13. ②　14. ①　15. ②

문법과 표현　　p. 124
1. ④　2. ③　3. ①　4. ②
5. 춥지 않을까 해
6. 우는가 하면
7. 감사할 따름입니다

듣기　　p. 126
1. ①　2. ②　3. ②　4. ④　5. ②

읽기　　p. 127
1. ②　2. ②　3. ①　4. ①　5. ③

7. 인간과 심리

7-1. 인간관계와 심리

어휘　　p. 134
1. 2) 자존감이 높은 것으로　3) 관계를 끊고 싶을 때는
4) 취향이 비슷해지는 것 같다　5) 있는 그대로 받아들일 때
6) 공통의 관심사를 갖고 있으면　7) 대화를 이어 나가기가

2. 2) 대화에 끼지
3) 부자연스러운 모습을 보이게
4) 무리한 요구를 할
5) 눈치를 보게
6) 과장되게 행동하는

3. 2) 회피했다, 회피하는　3) 공감하며, 공감하는
4) 경청해야, 경청하지

문법과 표현 ① 동-고 보다　　p. 136
1. 2) 듣고 보면　3) 입학하고 보니까
4) 사고 보니까　5) 시작하고 보면

2. 2) 받고 보니
3) 싸고 보니
4) 비우고 보면
5) 깨고 보니 내릴 곳을 지나쳐 있었어
6) 알고 보면 정이 많은 사람이에요

문법과 표현 ② 동형-은 나머지　　p. 138

1.
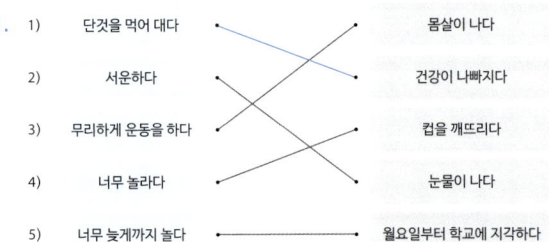

2) 서운한 나머지 눈물이 났어요
3) 무리하게 운동을 한 나머지 몸살이 났어요
4) 너무 놀란 나머지 컵을 깨뜨렸어요
5) 너무 늦게까지 논 나머지 월요일부터 학교에 지각했어요

2. 2) 화가 난 나머지 그냥 집에 와 버렸어
3) 기쁜 나머지 눈물이 났어요
4) 긴장한 나머지 실수를 많이 했어요
5) 급하게 먹은 나머지 배탈이 나서 병원에 갔어요

7-2. 심리와 성격

어휘 p. 140

1. 2) 추진력   3) 결단력   4) 분석력   5) 기획력

2. 2) 협조적인   3) 외향적이고
   4) 낙관적으로   5) 논리적으로
   6) 주도적으로   7) 즉흥적으로

3. 2) 소심해서, 소심한
   3) 덜렁대더니, 덜렁대지
   4) 우유부단하다는, 우유부단한

문법과 표현 ❸ 동-어 내다 p. 142

1. 2) 김영주 교수 팀이 노화의 주된 원인을 밝혀냈습니다
   3) 한국대 연구 팀이 세계에서 유행하는 전염병의 백신을 개발해 냈습니다
   4) 동물 보호 단체가 멸종 위기종인 큰부리새의 서식지를 발견해 냈습니다
   5) 김민수 선수가 올해 마지막 경기에서 상대 팀의 다섯 골을 모두 막아 냈습니다

2. 2) 개발해 내고자   3) 이루어 냈다
   4) 살려 낼   5) 밝혀내기

문법과 표현 ❹ 동-는다면, 형-다면, 명이라면 p. 144

1. 1)
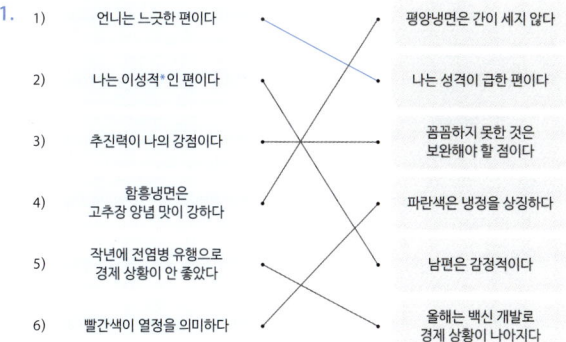

2) 저는 이성적인 편이라면 남편은 감정적이라서
3) 추진력이 저의 강점이라면 꼼꼼하지 못한 것은 보완해야 할 점이라서
4) 함흥냉면은 고추장 양념 맛이 강하다면 평양냉면은 간이 세지 않아서
5) 작년에 전염병 유행으로 경제 상황이 안 좋았다면 올해는 백신 개발로 경제 상황이 나아져서
6) 빨간색이 열정을 의미한다면 파란색은 냉정을 상징하는

2. 2) 매운 음식이 많다면, 단 음식이 많다
   3) 사계절이 뚜렷하다면, 건기와 우기로 나뉜다
   4) 외향적인 편이라면, 내향적인 편이다
   5) 집에 있는 시간이 많았다면, 밖에서 보내는 시간이 더 많다

8. 직업의 미래

8-1. 평생 직업

어휘 p. 148

1. 2) 자아실현을 하는   3) 근무 분위기가 자유로운
   4) 사회적으로 인정받는   5) 복지가 잘되어 있는

2. 2) 자격증을 따면   3) 높은 학점을 받으면
   4) 시간을 들여도   5) 경력을 쌓으려고
   6) 기회로 삼아 봐   7) 외국어 실력을 쌓는
   8) 능력을 개발하는

문법과 표현 ❶ 명이자 명 p. 150

1. 2) 호기심이 많은 것, 장점이자 단점이다
   3) 빛나, 가수이자 작곡가이다
   4) 경주, 유적지이자 관광지이다
   5) 그 사람과 이야기한 것, 처음이자 마지막이었다

2. 2) 끝이자 시작이라고 할 수 있어
   3) 위기이자 기회라고
   4) 지구를 위한 일이자 자기 자신을 위한 일입니다
   5) 목표이자 꿈이에요, (꿈)

문법과 표현 ❷ 동-는 것을 계기로, 명을 계기로 p. 152

1. 2) 다큐멘터리를 본 것을 계기로
   3) 한국 친구를 만난 것을 계기로
   4) 봉사 활동을 계기로
   5) 동창 모임을 계기로

2. 2) 조연으로 출연한 영화가 크게 흥행한 것을 계기로 사람들에게 알려지기 시작했습니다
   3) 말하기 대회에 나간 것을 계기로 많은 사람들 앞에서 말하는 것에 자신감을 갖게 됐습니다
   4) 누전으로 인해 불이 났던 것을 계기로 안전 관리에 더욱 신경을 쓰게 됐습니다
   5) 동아리에 가입한 것을 계기로 한국 생활에 빠르게 적응하게 됐습니다, (동아리에 가입하다)

8-2. 변화하는 직업

어휘 p. 154

1. 2) 문제 해결 능력 3) 정보 처리 능력
   4) 인간성 5) 비판적 사고력
   6) 창의력

2. 2) 인공 지능
   3) 보건 분야의
   4) 반복적인 업무를 하기
   5) 기술이 인간을 대신하게 되면
   6) 무인 장비만
   7) 육체노동을 해서

3. 2) 유망하다고, 유망한
   3) 전망했다, 전망하고
   4) 대체해, 대체하는

문법과 표현 ❸ 동형-기도 하고 동형-기도 하다 p. 156

1.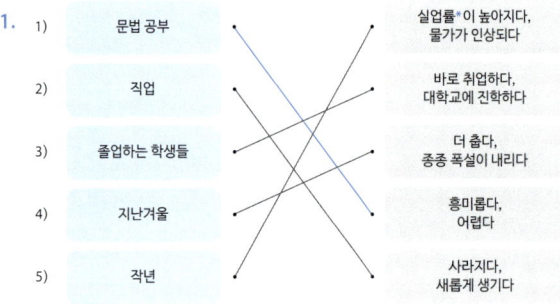

   2) 직업은 사라지기도 하고 새롭게 생기기도 한다
   3) 졸업하는 학생들은 바로 취업하기도 하고 대학교에 진학하기도 한다
   4) 지난겨울은 더 춥기도 하고 종종 폭설이 내리기도 했다
   5) 작년에는 실업률이 높아지기도 하고 물가가 인상되기도 했다

2. 2) 너무 높아서 무섭기도 하고 재미있기도 해요
   3) 홀가분하기도 하고 섭섭하기도 할 것 같아
   4) 응. 영화를 보기도 하고 미술관에 가기도 해
   5) 응. 한라산에 오르기도 하고 바다에서 수영하기도 했어

문법과 표현 ❹ 동-는 바 있다/없다 p. 158

1. 2) 개설한 바 있지만
   3) 전망한 바 있습니다
   4) 밝혀진 바 없어
   5) 논의된 바 없어

2. 2) 매우 가난한 어린 시절을 보낸 바 있습니다
   3) 세계 수영 대회에서 여러 차례 입상한 바 있는
   4) 이번 사건에 대해 전혀 아는 바 없다고 대답했습니다
   5) 시나리오 작가로 활동한 바 있습니다

복습 4

어휘 p. 160

1. ② 2. ① 3. ③ 4. ① 5. ③
6. ④ 7. ② 8. ④ 9. ① 10. ②
11. ① 12. ④ 13. ② 14. ③ 15. ③

문법과 표현 p. 164

1. ② 2. ③ 3. ① 4. ②
5. 좋기도 하고 섭섭하기도 해요
6. 낸다면
7. 개발해 냈어요

듣기 p. 166

1. ② 2. ② 3. ④ 4. ④ 5. ④

읽기 p. 167

1. ③ 2. ② 3. ③ 4. ④ 5. ②

References 참고 자료

| 부록 Appendix |

어휘 | 고려대한국어대사전
국립국어원 표준국어대사전(https://stdict.korean.go.kr/main/main.do)
우리말샘(https://opendict.korean.go.kr/main)
한국어기초사전(https://krdict.korean.go.kr/kor/mainAction)

사진 | 48쪽 | 'SNPE 바른자세 척추운동' 홈페이지, "SNPE 기본동작" (https://snpelife.com/baseexercise/)

집필진 Authors

장소원
Chang Sowon

서울대학교 국어국문학과 교수
Seoul National University Professor at the Department of Korean Language & Literature

파리 5대학교 언어학 박사
Ph.D. in Linguistics, University of Paris 5

이현의
Lee Hyun Eui

서울대학교 언어교육원 대우전임강사
Seoul National University LEI Full-time Instructor

이화여자대학교 한국학(한국어교육 전공) 박사 수료
Ph.D. Candidate in Korean Studies(Teaching Korean as a Foreign Language), Ewha Womans University

김미숙
Kim Mi Sook

서울대학교 언어교육원 대우전임강사
Seoul National University LEI Full-time Instructor

고려대학교 국어국문학 석사
M.A. in Korean Language & Literature, Korea University

이혜지
Lee Hyeji

서울대학교 언어교육원 대우전임강사
Seoul National University LEI Full-time Instructor

이화여자대학교 교육대학원 외국어로서의 한국어교육학 석사
M.A. in Education, Teaching Korean as a Foreign Language, Ewha Womans University

번역 Translator

이수잔소명
Lee Susan Somyung

통번역가
Translator & Interpreter

서울대학교 한국어교육학 석사
M.A. in Korean Language Education as a Foreign Language, Seoul National University

감수 Supervisor

김은애
Kim Eun Ae

전 서울대학교 언어교육원 대우교수
Former Seoul National University LEI Professor

도와주신 분들 Contributing Staff

디자인 Design　　(주)이츠북스 ITSBOOKS
삽화 Illustration　(주)예성크리에이티브 YESUNG Creative
녹음 Recording　 미디어리더 Media Leader

서울대 한국어⁺
Workbook 5A

초판 1쇄 발행 2023년 10월 10일
초판 3쇄 발행 2024년 10월 25일

지은이 서울대학교 언어교육원

펴낸곳 서울대학교출판문화원
주소 08826 서울 관악구 관악로 1
도서주문 02-889-4424, 02-880-7995
홈페이지 www.snupress.com
페이스북 @snupress1947
인스타그램 @snupress
이메일 snubook@snu.ac.kr
출판등록 제15-3호

ISBN 978-89-521-3214-7 04710
     978-89-521-3116-4 (세트)

ⓒ 서울대학교 언어교육원 · 2023

이 책과 음원은 저작권법에 의해서 보호를 받는 저작물이므로
무단 전재와 복제를 금합니다.

Written by Language Education Institute, Seoul National University
Published by Seoul National University Press

Copyright ⓒ 2023 by Language Education Institute, Seoul National University

All rights reserved. No part of this publication may be reproduced in any form
without the written permission from publisher.